日本型キャリアデザインの方法

「筏下り」を経て「山登り」に至る14章

大久保幸夫
Okubo Yukio

はじめに

突然やってきた「キャリア」という概念

キャリアという言葉が日常的に使われるようになってから、まだほんの十数年しかたっていません。

企業のなかでキャリアデザインとかキャリア自律というような言葉が使われるようになったのはバブルが崩壊した以降の話ですし、学校教育でキャリア教育に注目が集まるようになったのも九〇年代になってから、とりわけ二〇〇〇年を過ぎてからです。大学の就職部がキャリアセンターに名前を変えるのも二〇〇〇年前後からのことです。

私が社会に出る頃には、キャリアという言葉は誰も使っていませんでした。企業内ではじめて聞いたのも「セカンドキャリア」という中高年からの職業設計を指す言葉が先だったかもしれません。ファーストキャリアよりもセカンドキャリアが先にメジャーになるというのも不思議なことですが、そのせいか、どこかキャリアという言葉に対して、よくないイメージを持っている人もいると思います。

たとえば、企業が従業員の雇用を守れないとか、人事の怠慢とか、机上の空論とか、青臭い議論だとか。一般の社会人にとってみると、キャリアという言葉が出てくる文脈には「一種のあやしさ」が漂います。

しかし、キャリアという言葉が出てきたのにはそれなりの社会的背景があり、やはり必然性があったのです。

わかりやすい成功の道筋というものがなくなり、歩む職業人生が多様化したということがひとつの理由でしょう。いい大学を出て、大企業に入り、ジョブローテーションを重ねて管理職になり、定年まで全うしリタイヤする、という標準形が崩れました。ひとつの会社に新卒で入社して定年退職まで勤める人は少数派です[*1]。成功の道筋は枝分かれして、選択肢が増えたことにより、意思決定を迫られる機会は格段に増えたのです。

個人の職業寿命が、企業の寿命を追い越した、ということも大きな背景要因です。二十歳そこそこで初職に就いて、仮に健康寿命いっぱいに働いたとすれば、八十歳まで六十年間もの時間があることになります。それに対して、上場企業の寿命は約四十年といわれます。いやでも何度かはキャリアチェンジを経験しなければなりません。

誰かに自らの生涯を委ねることはできません。自分勝手に決められるわけではありませんが、自らの意思、決断があってはじめて人生が開けるのです。

ところが、突然「キャリアをデザインしましょう」などと会社から言われると、どうしても反発したくなります。

いずれリストラしようとでも考えているのか？

今まで好き勝手に転勤や異動をさせておきながら今更？

そんなことは入社したときに言うべきだ！

と言いたくなるでしょう。

実際、ミドル層の方々にインタビューした調査[*2]を見ても、キャリアという言葉に対する反応は大きく次の三つに分かれ、反発する人も少なくありません。
①キャリアという概念を自発的に意識して行動に起こしている人
②キャリアという言葉を受動的に受け入れて、自らどうこうすることには限界があると思いつつも、ものの見方を少し変えてみようとする人
③キャリアを考えるということを会社から半ば強制されて、それに反発し、虚しさを感じる人
しかし、結局は自分の人生ですから、会社の責任と言ってみても始まりません。結果は

すべて自らに跳ね返ってきます。

それならば、自分のキャリアについて、自ら考えていく以外に道はありません。

社会人は忙しく、毎日仕事に追われています。会社のこと、事業のこと、部下のこと、家に帰れば家族のこと。なかなか自分自身のことを考える時間がありません。気になりながらも、ついつい「そのうちゆっくり」と先延ばししてしまうものです。

そして、これから先の自らのキャリアをいざ考えようと思っても、いったい何を考えればいいのか？　いきなりこの難問にぶつかるでしょう。

考えるヒントとしてはアメリカなどで深められた「キャリア論」と呼ばれる学問の成果があり、参考になりますが、日本の企業社会とアメリカとでは少々異なるため、どこか身体に合わない服を着てしまったような違和感を抱く人もいるはずです。

実は本書の目的はそこにあります。

まず社会人を対象にわかりやすくキャリアデザインの方法を説くこと。これまで学生を読者対象とした本はたくさんありましたが、社会人に対象を絞った本はあまりありません。すでに職業経験を積んできていることを前提に、キャリアデザインの方法をお話ししたいと考えたのです。

そして、日本人のためのキャリアデザインを語ること。海外で蓄積されたキャリア理論だけでなく、日本の企業社会に生きる日本人のキャリアに関する多くの調査やインタビューによってわかったことを組み合わせて、お伝えしたいと思っています。念頭に置いているのは、日本人・大卒・ホワイトカラー・男女です。

特に、日本では意思決定と同様に、状況に適応したキャリア形成がとても重視されていると感じます。与えられた環境をいかに自分のキャリアにプラスになるように活用するかが重要なのです。

この本では、私が日本人の理想的なキャリア形成モデルとして提唱している「筏下り」型のキャリアから「山登り」型のキャリアへの転換について中心的に書いています。この「筏下り」型のキャリアという、与えられた環境下で力をつけていくという時期をいかにうまく歩めるかが、その後のキャリアの可能性を決めると言ってもいいでしょう。

また、職業人生がとても長いことを前提にしたキャリア論であることも大切です。日本は世界でもっとも速く高齢化が進んでいますから、日本が先進的にそのキャリアについては考えなければなりません。

あなたもこの本を読みながら、「キャリア」ということについて、じっくり考えてみませんか？　簡単には答えが出ないかもしれませんが、それでもいいのです。自分自身の職業人生に対して、主人公である自分がリーダーシップを発揮するのだという思いと、そのための行動の一歩が、これからの人生を豊かにしてくれるはずです。

本書は忙しい方々が読者であることを前提に、二時間程度で読めるように書いています。理論的な背景や細かい要素は最低限のものだけを注釈に落として書いていますので、そこは不要であれば飛ばしていただいて結構です。まず大づかみに、キャリアデザインということをわかっていただく。

それを大事にしたいと思って書きました。

二〇一〇年三月

大久保幸夫

目次

日本型キャリアデザインの方法

はじめに─突然やってきた「キャリア」という概念

PART 1 キャリアデザインとは

第1章 キャリアの節目に立ち止まる 14
第2章 仕事に対する自己概念をつくる 23
第3章 職業能力を育てる─基礎力と専門力 30
第4章 「筏下り」から「山登り」への転換 38

PART 2 「筏下り」の技法

第5章 ひとり立ちまでの6つの壁 50
第6章 人事異動をキャリア形成に利用する 62
第7章 成長実感を持ち続ける 70
第8章 経験から学ぶリーダーシップ 79
第9章 転職という道、独立という道 87

PART 3 「山登り」の技法

第10章 すべての人はプロフェッショナルを目指す 98
第11章 プロになる過程─守・破・離 106
第12章 手がかり学習への転換 116
第13章 プロフェッショナリズムと職業倫理 124

第14章 山の向こう側にあるもの 133
プラクティス—実践のためのキャリアマップの作成 143

表紙デザイン・本文レイアウト　斉藤重之

PART 1

キャリアデザインとは

第1章

キャリアの節目に立ち止まる

キャリアについてじっくり考えるのは「いつ」でしょうか?

一年中キャリアのことばかり考えている人というのはいないはずで、考えるべきときというのには、それなりの旬があります。

一言で言えば、それは「節目」[*3]を迎えたときです。

一生のうちにはさまざまな節目があります。誰もが共通して経験した節目は、新卒で就職したときでしょう。大学などを卒業してはじめての仕事を選ぶとき、相当の時間をかけて、何をやりたいのか、自分には何ができるのか、じっくり考えたはずです。そしていくらある仕事に就きたいと思っても、自由にできるわけではなく、それに伴う能力があってこそ、望む仕事を得られるという現実もわかったはずです。

大学を卒業して就職するときは、「就職」という大きなイベントと、「アイデンティティの形成」という年齢段階からくる過度期とが重なる大きな節目です。就活中に「自分は何者か？　他の人とどう違うのか？」ということに悩み、その答えが見つからないと、結論を先送りして「自分探し」という迷路に入り込んでしまう人もいます。アイデンティティという他人とは異なる自分らしさは、自らつくりあげるものなので、探しに行くものではないのですが、どうしても他人からの承認を受けられる居場所探しのほうに行ってしまいがちなのです。

未完成なアイデンティティのなかでも、とりあえず仕事のスタートを切ることができればよいのですが、そうでないと（たとえば安易にフリーターなどの道を選んでしまうと）その後のキャリア選択の幅が狭くなるなどのハンディを負わなければならなくなります。

しかし、新卒就職は職業人生における最初の節目に過ぎません。

その後も何度となく、大きな節目、小さな節目を経て、人生を歩んでいくのです。たとえば、仕事で訪れる大きな出来事（イベント）は節目となるでしょう。

海外勤務や地方転勤、職種変更を伴う人事異動、管理職への昇進、転職、独立開業、定年退職などです。仕事環境が大きく変わり、仕事で求められるものも、仕事をする仲間も変わるために、これからのキャリアをどう考えるべきかを嫌でも考えざるを得ないでしょう。

仕事の出来事でなくても、仕事に大きな影響を与えることがあります。結婚や出産などはその代表でしょうし、親や配偶者の病気や他界、自分自身の病気などもそうです。特に病気は、仕事との向き合い方を変えるきっかけとなることが多いようです。女性の場合であれば、子育てがひと段落したときなど、節目を経験するはずです。

反対に、起こると思っていたことが起こらなかった場合（ノンイベント）[*4]も、節目となります。三十歳までにはきっと結婚していると思っていた女性が、三十歳になって未婚で結婚予定もないとき、長期的な仕事との向き合い方を考えることが多いようです。これなど代表的な例です。管理職に昇進すると思っていたら、同期が昇進したにもかかわらず自分だけ昇進しなかった場合などもそうです。この場合は、何も起こらなかったことが大きな出来事であり、会社の評価、自分の能力、本当にやりたいことなどについて、嫌でも考えるきっかけになるでしょう。

節目には、自らつくり出すものもあれば、偶然やってくるものもあります。幸福なものもあれば、けっして歓迎すべきことでないものもあります。どの節目であっても、「これから」を考えるきっかけとなるはずです。

もうひとつの大きな節目は、年を重ねることで誰にでも共通して訪れる節目です。

一般に「ミドル」と呼ばれる三十代後半から四十代にかけての頃は、企業社会で働いている人であれば、誰もが節目を迎える時期と言えます。

この時期には、まず身体に変化が訪れます。「厄年」という言葉がありますが、ミドル期には身体のさまざまな部分に不調が出てくることや、老化を実感するということから逃げられません。若いときのように、「とことんやる」「できるまでやる」「徹夜してやる」などの無理がきかなくなります。今までの仕事のやり方を変えて、もう少し効率よく賢くやるように変えることが不可避なのです。

会社においての責任が重くなる。部下を持つ。最終判断をしなければならなくなる。会社を代表して外で活動する。

家庭においても責任が重くなる。親として、子供の成長を支え、家族を養っていかなければならない。年老いた両親の介護などの問題も出てくる。

そのような仕事上、家庭上の出来事が、ミドル期には集中して起こります。そして、一人前になって、会社が期待する業績を上げられるようになるという目標も達成してしまい、今度は会社から与えられる成長目標ではなく、自らで設定する目標が必要になってくる。それが、ミドル期に共通して起こる現象です。

ミドル期には、「人生の正午」という言葉があてられます。

これは分析心理学の基礎をつくったユング（一八七五－一九六一）の言葉ですが、人生にも午前の時間と午後の時間があり、ちょうど四十歳の頃は正午にあたるというのです。太陽の動きがそうであるように、正午に向かって力を増してゆく午前と、だんだん翳ってゆく午後では意味が違います。

それまでの価値観が大きく変わり、新しい価値観をもとに自分自身をつくりあげる「個性化」の段階に入るというのです。

たとえば、午前の時間である若いときには、同期と競争していかに勝つかということに大きな目標や価値観を置いていたかもしれません。それはある種外から与えられた価値観と言えます。しかし午後の時間では、損得や勝負ではなく、自分にとって価値があるか、望ましいか、美しいかという真・善・美が重要になってきます。

個性化の段階とは、一人ひとりが異なるということですから、評価軸は自らの中にあります。いかに早く昇進したかとか、いかに高い年収に到達したかではなく、いかに自分らしい仕事か、本当にやりたい仕事か、ということに関心が移るのです。

ユングはまた、自己の有限性の自覚が始まるとも言っています。

有限性とは時間や才能に関して限りがあると自覚することです。「あと何年生きられるのだろう」「あと何年仕事をできるのだろう」というように、逆算して残りの時間を考えるようになるのです。若いときには時間は無限にあるような気持ちでいますが、年を重ねるにつれて、希少なものに思えてきます。「この会社で仕事をするのはあと十年だからその間にこれをやっておこう」というような考え方をするようになります。また自らの能力でできることとできないことがはっきりしてくるので、現実的に自分ができることを見つけて自分にしかできないことをやりたいと思うようにもなります。

このような変化は年齢を積み重ねて「正午」という中間点を迎え、人生の折り返し点に立ったときにはじめて芽生える感情です。

このときにこれから午後の人生をどう生きようかとキャリアについて思いを馳せるのです。新卒のときにつくりあげたアイデンティティをもう一度再生するときと言えるでしょう。

ミドル期のしばらく後には、高齢期への移行期という、大きな年齢段階から来る節目があります。

アイデンティティという概念の提唱者であるエリクソン（E. H. Erikson）は、ミドル期を生殖性（世代継承性）の段階、その後の高齢期を統合の段階としました。生殖性（世代継承性）というのは、新しいしくみやものをつくって次の世代に残そうとか、次の時代を担う若い人々を育てようということを指します。若いときに「親密性」という、上司や周囲の人々に面倒を見てもらった経験や恩義から、今度は自分がその番だと考えるのです。その時期を経て迎える高齢期（エリクソンの言葉では老年期）は、残された人生の時間をより実感しつつ過ごすようになり、これまでやってきたことを統合して、それが価値あるものであったことを確認する段階です。もしもその統合がうまくいかないと、これまでの人生を否定されたと感じ、絶望を味わうことになります（図表1）。

このような年齢段階に応じた節目というものは、多くの人々に共通して訪れるものなので、同世代で共通の悩みを抱えることになります。同じ会社で利害関係のある人と話すのはやりにくいかもしれませんが、他社の同年代の友人と語り合うなどの方法でじっくり考えてみるとよいでしょう。

キャリアをデザインするという行為は、節目を迎えたときに、立ち止まって行なうものであり、日常に流されながらキャリアを考えるということは難しいものです。

日常業務から離れて、客観的に自分のことを考えられる状態をつくること、そして、あ

図表1　エリクソンによる心理社会的発達段階

乳児期	信頼感	基本的信頼感を形成	失敗＝不信
幼児前期	自律性	自律することを学び、秩序に対応	失敗＝恥と疑惑
幼児後期	自発性	積極性・自発性を学ぶ	失敗＝罪悪感
学童期	勤勉性	学校などから文化を吸収し、勤勉性を身につける	失敗＝劣等感
青年期	同一性	自我の永続的な連続性・独自性＝自我同一性（アイデンティティ）を確立	失敗＝混乱
成人前期	親密性	異性・他者との付き合いで親密さを経験することが重要	失敗＝孤独
成人期	生殖性（世代継承性）	次世代の確立・指導への興味・関心（生殖性）が高まる	失敗＝停滞
老年期	統合性	死へ向かうことを受容し、人生の統合の知恵が重要になる	失敗＝絶望

出所：E. H. エリクソン／J. M. エリクソン著、村瀬孝雄・近藤邦夫訳『ライフサイクル、その完結』（2001）をもとに筆者が加工

る程度の時間的余裕をつくることが必要になります。

「そんなことは無理だ」と思うかもしれませんが、実際にはさまざまな方法があります。

たとえば、長くやってきた仕事から離れるという機会です。新しい仕事では、いきなり戦力にはならないため、少々の猶予ができ、しかも今までやってきた仕事を客観的に見ることができます。

あるいは社会人大学院に通ってみるというのもひとつの方法でしょう。同じような悩みを抱えている人々と非日常的な場（じっくり学び直すという場）を通じて、これまでとこれからの自分を思うのです。

もちろん長期休暇が取れるのならば、休みを取ってじっくりキャリアについて考えてみることがベストでしょう。観光主体ではなく、ゆったりする滞在型の旅を選んで、気になっていた本など読みながら、これからの仕事を思うのです。

どれでもよいのですが、節目のときには、意図してそのような時間をつくることが必要です。

全力で走っているときには視界が狭くなります。日々の仕事に追われているなかで長期のヴィジョンを考えるのは無理です。今は時間がないからといって、節目のときにも時間をつくらずに考えることを先送りしてしまうと、振り返ってみたときに、選択肢があったのに、自分は気づかないうちにその選択を放棄してきたのだな、ということに気づくことになりかねません。

節目で選択を放棄すれば、それはすなわち「流れに身を任せる」ということに他なりません。時には流れに乗ることも重要ですが、生涯にわたってそれを続けていれば、キャリアの漂流（career drift）になってしまいます。

それを防ぐには、節目を迎えたそのときに、立ち止まって考えることを、意識してやるしかないのです。

第2章

仕事に対する自己概念をつくる

ところで、みなさんは「キャリア」という言葉をどのような意味で捉えているでしょうか。私たちはさまざまな場面で、しかもさまざまな意味でキャリアという言葉を使っています。頭の中に思い浮かべるキャリアという言葉の意味が異なると、これからの話が混乱するので、先に言葉の定義をはっきりさせておきましょう。

大きく分類すれば以下の四つの意味になります。

①昇進
②専門職、転じて特権を持ったエリート
③職業経歴
④仕事に対する自己概念

たとえばキャリア・アップという言い方は①の意味で使うケースになりますし、キャリアウーマンとかキャリア官僚というのは②の用例となります。

③は履歴書に書くことができる職業経歴・履歴であり、「キャリアの客観的側面」と呼ばれます。また④は仕事に対する自己概念、職業アイデンティティとも言われるもので、「仕事の世界でどのように活躍してゆくのか」というイメージです。これを「キャリアの主観的側面」と言います。

キャリアデザインとは、まずこのキャリアの主観的側面をしっかりと形成することから始まります。

キャリア論の大家として知られるシャイン[*5]（E. H. Schein）は、自己概念を育むことで、自己概念がキャリア選択（結果としての職業経歴）を方向付けるアンカー（船の錨）の機能を果たすようになると指摘しています。

仕事に対する自己概念を明確にするには、次の三つの問いを自らに問いかけることから始まります（図表2）。

①何が得意か？

図表2　キャリアに関する「3つの問い」

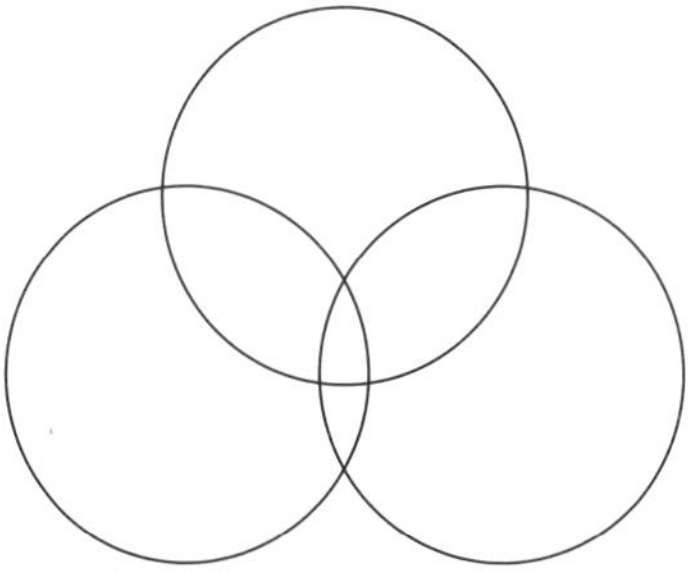
何が得意か？
（能力・才能についての自己イメージ）
何をやっているときに意味を感じ
社会に役立っていると実感できるか？
（意味・価値についての自己イメージ）
何がやりたいか？
（動機・要求についての自己
イメージ）

出所：エドガー．H. シャイン著、金井壽宏訳
『キャリア・アンカー』（2003）

仕事上で、他の人よりも自分のほうが得意なことは何かということです。何年も仕事をしていれば、自分が得手であることは自然にはっきりしてきます。三つの問いのなかではこれが一番答えやすいかもしれません。もしもうまく答えが見つからなかったら、一緒に仕事をしてきた上司や同僚に聞いてみてもいいでしょう。意外と客観的に言葉にしてくれるものです。

②何がやりたいか？

これは上司や人事との面談で聞かれたことがあるかもしれませんね。素朴な問いですが、なかなかの難問です。特に、企業のなかで自分の好き嫌いではなく、やるべきことをやるのだと考えてきた人ほど答えられないかもしれません。サラリーマンだから、自分が何をやりたいかを考えても無駄だ、とか、そのようなわがままを言うべきではない、と感じる人がいたとしたら、それはちょっと違います。結局は好きだと思えることでしか継続的に高い業績は残せませんし、成長もできないのです。「時間を忘れて没頭できる」ようなことで貢献してもらうことが、結局は企業にとっても最善なのです。

③何をやっているときに意味を感じ、社会に役立っていると実感できるか?

抽象的で難しい質問かもしれません。たとえば、「誰かがありがとうと言って喜んでくれるような仕事に価値を感じる」とか、「世界中の人に幸せを感じてもらえるような仕事に価値を感じる」とか、「自分がつくったものが生活を豊かにするような仕事に価値を感じる」とか、どのようなことでも構いません。多少青臭くてもいいですから、本当に心の底から思える「大事なこと」を見つけてください。

これら三つの問いに対する回答をすべて満たしているような仕事が見つかれば、それがあなたの「天職」になる候補です。三つの問いかけは[*6]、長年にわたって繰り返すことで生まれてくるものですが、答えが見つかれば、自分のキャリアの道筋を間違えることなく進んでいくことができますし、同時に自分のキャリアを制約することにもなるのです。

このようなキャリアの主観的側面は、キャリアパスをどのように歩むかを決めるもっとも有効な材料となり、キャリアの客観的側面に影響を与えます。

キャリアというものは、よく「旅」のようなものだと言われます。しかもかなりの「長旅」です。まったくどこへ行くのかわからない旅では面白い旅にはならないでしょう。ハプニングがあるほうが楽しいという人もいるかもしれませんが、そのようなラッキーはそうあるものではなく、実際にはたいくつな時間のほうが圧倒的に多いでしょう。とはいっても、細かく行程が決まりすぎている旅も面白くありません。興味を持った場所があれば立ち寄ってみたり、予定外の行動をするときもあってこそ、先が楽しみになるというものです。

主観的側面が見えているということは、旅先が大きく見えていると同時に、ある程度の遊びもある状態です。多少の軌道修正や寄り道もOKで、ただ行き先はだいたいわかっているので道に迷うことはないというイメージです。

たとえば、「これからのキャリアをイメージできるか」と質問した調査（リクルートワークス研究所「ワーキングパーソン調査２００６」）によると、一年後については八三％ができると回答（できないは一七％）していますが、三年後では六三％、五年後では三八％、十年後では二五％になります。この回答と現在の幸福度や成長実感の関係を見てみると、一年先すらイメージできない人のスコアは当然低いのですが、十年後までイメージできる人もまた三年先、五年先までイメージできる人よりも下がるのです。適当な先行きを照らしてくれる、道が見える程度に先を示してくれる、そのような仕事に対する自己概念を持てるとよいのでしょう。

長期的に考えて、キャリアにおいて目指すものは、けっして高収入とか出世というような姿ではありません。もちろん結果としてそのようなものを伴っているかもしれませんが、それが本質ではなくて、あくまでも自己概念に照らし合わせた基準での心地よさなのです。そのときには、もはや世の中の基準などどうでもよいと思えるようになっているでしょう。「他人よりも多い年収」とか「同期よりも早い出世」とか「名誉ある地位」とか「華々しい学歴」とか「あふれるほどの資格」とか、そのようなものはたいしたものではないと本心から言えるはずです。

そのような境地に達することこそ、キャリアデザインの目的であると言えます。キャリアの評価は本人によってなされるものであり、他者からどうこう言われるものではありりません。すこし大げさにいうならば、死ぬ間際に「あぁ、自分の人生は仕事に恵まれた楽しい人生だったなぁ」と思えれば、それ以上のものはないのです。

もちろんそのためには、シャインのいう三つの問いの答えを満たすような仕事にたどり着かなくてはなりませんが。

第3章

職業能力を育てる ――基礎力と専門力

キャリアデザインは、前章で紹介したように、まず仕事に対する自己概念をつくり、それを活かしてキャリア選択の意思決定をすることによって前に進みます。

しかし、いくら自己概念が明確になっても、その仕事を担当する職業能力が備わっていなければ話になりません。実際には自己概念と職業能力の両方があってはじめて、キャリアデザインは現実となるのです。またこの両者は、相互に高め合う関係であって、どちらかが前に進めば、もう一方を引っ張るという関係にあります。

そこでこの章では、職業能力とは何かということについてまず明確にしておきます。

職業能力の全体像を見てください。分類すると図表3のように大きく「基礎力」と「専門力」に分けられます。

基礎力とは、どのような仕事をするにしても必要となる能力のことで、職業能力の基盤ともなるべきものです。

図表3　職業能力の構造

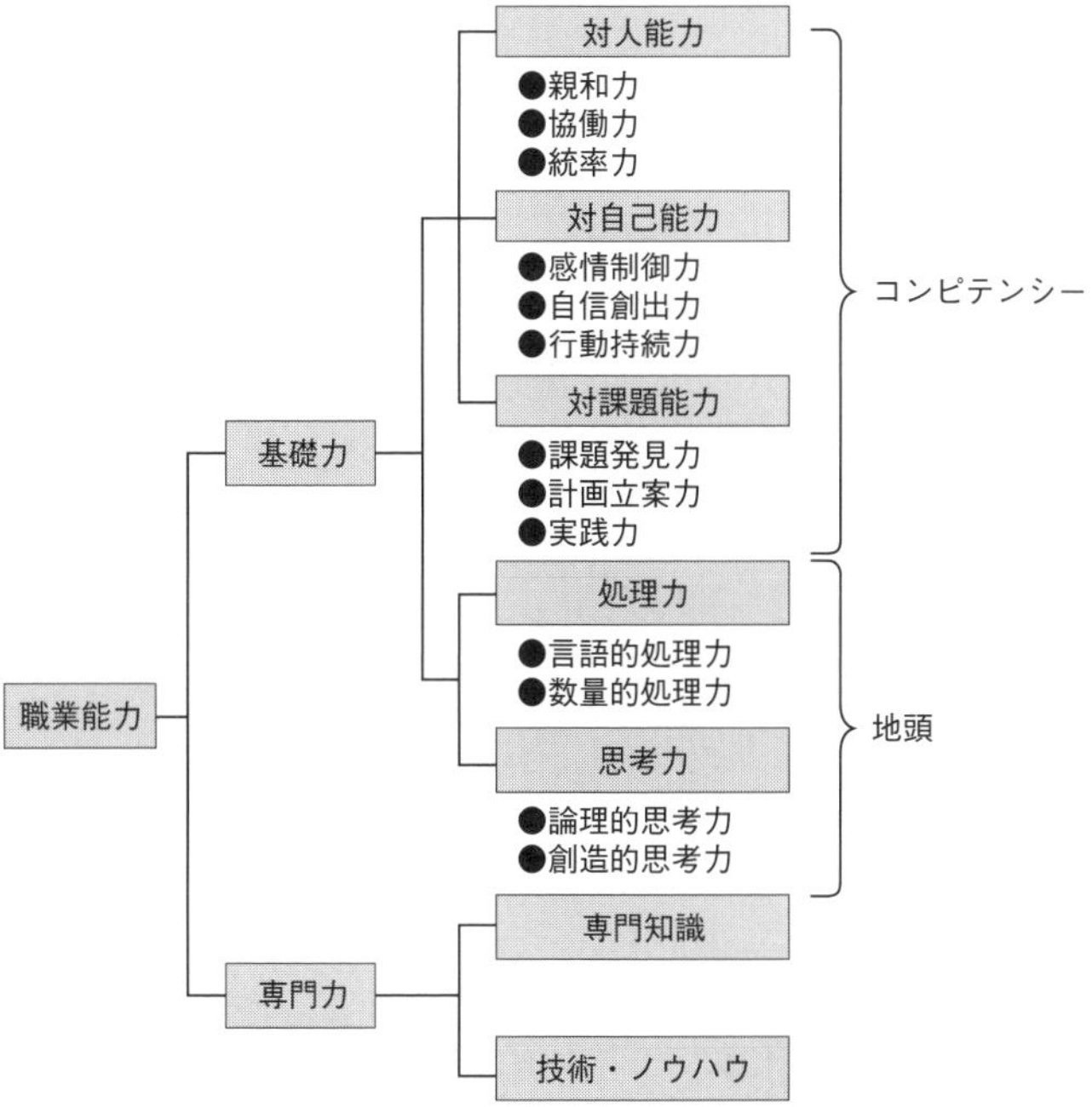

出所：大久保幸夫『キャリアデザイン入門(I)基礎力編』(2006)

基礎力[*7]は「対人能力（人間関係を司る力）」「対自己能力（自己管理・制御の力）」「対課題能力（課題を発見し解決に導く力）」という三つの能力と「処理力（言語的・数的）」「思考力（論理的・創造的）」から構成されます。

専門力は「専門知識」と「技術・ノウハウ」からなりますが、これはそれぞれ「わかる」と「できる」に対応しています。

パソコンにたとえるなら

ば、対人・対自己・対課題の三つの能力がOS、地頭とも呼ばれる「処理力」「思考力」の部分がCPU、専門力がソフトウエアというところでしょう。

若い年齢段階で特に重視したいのが基礎力で、学生時代の学習や生活によってある程度は身につきますが、仕事をするようになってからさらに磨き上げられる能力です。基礎力は新卒採用の選考でも重視される能力で、基礎力が高いとそれだけでキャリアの可能性が広がることになります。

逆に言えば、いくら専門力が高くても、基礎力が弱いと成果を上げることは難しい（特に企業人としては）と言えるでしょう。

基礎力は行動特性のなかに表れるものであり、習慣的な能力です。日常生活・業務のなかで意識して行動を続けていれば、誰にでも身につくものです。高業績を上げ続ける人の行動特性を「コンピテンシー（competency）」[*8]と言いますが、基礎力はコンピテンシーの概念と極めて類似するものといえるでしょう。また「対人能力」や「対自己能力」は、EQ[*9]（emotional quotient）という概念と重なります。

日本独自の能力概念としては「人間力」[*10]というものがあります。これは基礎力、専門力をすべて含んだ概念で、二〇〇二年に生まれた新しい考え方ですが広く浸透しています。

具体的には「社会を構成し運営するとともに、自立したひとりの人間として力強く生きていくための総合的な力」であり、以下の要素によって構成されています。

①「基礎学力」「専門的な知識・ノウハウ」を持ち、自らそれを積極的に高めていく力。また、それらの上に応用力として構築される「論理的思考力」「創造力」などの知的能力的要素

②「コミュニケーションスキル」「リーダーシップ」「公共心」「規範意識」や「他者を尊重し切磋琢磨しながらお互いを高め合う力」などの社会・対人関係的要素

③これらの要素を十分に発揮するための「意欲」「忍耐力」や「自分らしい生き方や成功を追求する力」などの自己制御的要素

人間力は職業能力だけを範囲としているわけではないため、その職業能力の部分だけを切り取ったものが「基礎力」「専門力」であると言ってもよいでしょう。この人間力の定義では、キャリアデザインと密接にかかわる「自分らしい生き方や成功を追求する力」も能力概念に組み込んでいるところが面白いところです。

さて、基礎力の三つのコンピテンシー部分について、詳しく見てみましょう。

対人能力は、他者との豊かな関係を築く「親和力」、目標に向けて協力的に仕事を進め

る「協働力」、場を読み組織を動かす「統率力」に細分化されます。基礎的な対人能力は、早い人は小学校の段階でもかなり身につきますが、社会人になって年齢を重ねても高まり続ける深みのある能力です。

たとえば、以下のような力を十分に持っているかどうかセルフチェックすることで、対人能力の水準をみることができます。

・うなずいたりあいづちを打ったりしながら他者から話を聞き出す力
・相手が今どのような気分・感情なのか口に出さなくても察知する力
・自分と考え方が違う人とも共通点を見つけて話に折り合いをつける力
・チームのなかで自分が何を役割としてやるべきか見極める力
・入手した情報を共有すべき相手にすぐに知らせる力
・自分で抱え込まず必要なときには他の人に助けを求める力
・自分の意見をどのような場所でもはっきり言う力
・さまざまな意見に耳を傾けて、それらの意見を尊重する力
・正しいと思ったことを相手に説明し説得する力

対自己能力は、気持ちの揺れを制御する「感情制御力」、前向きな考え方ややる気を維

持する「自信創出力」、主体的に動きよい行動を習慣づける「行動持続力」に細分化されます。最近メンタルヘルスの観点からストレス耐性が重視されるようになったことや、対人能力や対課題能力の向上が対自己能力の向上と密接に関連していることがわかったことから注目を集めている能力領域です。

以下のような力を持てているかセルフチェックしてみてください。

・喜怒哀楽の感情を表さずいつも冷静にしている力
・ストレスがたまったときに自分なりの方法で解消する力
・本番では失敗せずにむしろ実力以上の成績を残せる力
・何が自分の強みかを明確に言葉で説明する力
・まだ経験したことがないことでも「きっとできる」と思える力
・嫌なことでも楽しくできるようにしたりそこから何かを学習する力
・やるべきことについては他人から言われる前に行動を起こす力
・一度やると決めたことは三日坊主に終らずやり遂げる力
・寝ることや食べることのリズムを安定させて規則正しい生活をする力

対課題能力は、課題の所在を明らかにして必要な情報分析を行なう「課題発見力」、課題解決のための適切な計画を立てる「計画立案力」、実践行動をとる「実践力」に細分化されます。企業経営者がビジネスに必要な能力の筆頭にあげるのがこの対課題能力です。大学生時代から社会人の二十代、三十代に鍛えることができれば、リーダーとして活躍することが期待されるようになります。

以下のような力を持てているかセルフチェックしてみてください。

・必要な情報を独自の情報源や収集法によって入手する力
・活字になっていることでも鵜呑みにせず批判的に考える力
・問題があったときに徹底的に掘り下げて本質をつきとめる力
・仕事の進め方やスケジュールなどをしっかりと段取りする力
・成功する道筋をイメージしたりシミュレーションする力
・仕事の計画をそれでよいか多面的に検討する力
・一度やると決めたことを必ず実行に移す力
・計画実行中に問題が見つかったら柔軟に軌道修正をする力
・計画終了後に良いところ悪いところを振り返り次回に活かす力

セルフチェックの結果はいかがですか?

基礎力は生涯にわたって伸びてゆきますが、パソコンのOSにたとえられる能力ですので、一旦完成させておかなければなりません。それはリーダー職になる前、プロフェッショナルになる前、ということでしょう。その後も、バージョン・アップさせていければ活躍のステージはさらに大きくなるでしょう。

基礎力の三つのコンピテンシーは、習慣的なものですから、「才能がないから自分には無理」という類のものではありません。毎日の仕事のなかで意識的に繰り返し、それを日常習慣にしてしまえば、それが能力なのです。

もしも「これはできてないかもしれない」と感じる項目が先ほどのセルフチェックのなかにあれば、今日からでも行動に移してみてください。チャレンジするのは早ければ早いほどいいと思います。若いほうが圧倒的に身につき方が早いからです。

その他の能力項目もとても重要です。論理的思考力については第8章で、専門力については第11章で詳しくお話しします。また基礎力に関する話はこの後の話に繰り返し出てきますので、構造を覚えておいていただくといいと思います。

第4章

「筏下り」から「山登り」への転換

どのようにキャリアの歩みを進めていくかということは、一人ひとり異なるものです。人の数だけキャリアがあると言っても過言ではありません。

私が研究するキャリア論は、そのような一人ひとり異なるキャリアのなかに、何らかの共通要素を見出そうと考えるものです。特に、大卒ホワイトカラー、日本企業のビジネスパーソン、などと条件を揃えれば、そこには多くの人に共通する「何か」が浮かび上がってきます。

そのひとつとして、私が発表したのが、「筏下り」―「山登り」モデルというものです。これは社会に出てしばらくの若手のキャリアを「筏下り」にたとえ、その後のキャリアを「山登り」にたとえ、筏下りから山登りへとうまく転換することで、自分自身で納得できるキャリアを過ごすことができるということをモデル化したものです。

日本には大卒の新卒一括採用が根付いているため、大学三年から四年にかけての時期に多くの大学生が就職活動を行ないます。志望企業を選ぶため、そして面接で自分らしさを表現するため、先に紹介したシャインの三つの問いに向き合います。

自分が他の人よりも優れてできることは何だろうか？　強みはどこにあるのだろうか？　自分が仕事を選ぶ上で譲れないこと、こだわっていることは何だろうか？　そしていったい自分は何がやりたいのだろうか？　と。

しかし、多くの学生はその答えを見出すことができません。せいぜい「こうではないか」と仮説を立てるだけで終わります。なぜなら、まだ働いたことがないから実感がわかないのです。いくら想像力を膨らませても、この三つの問いに答えきるには経験不足ということになるでしょう。

私は大学生にキャリア論を教えるときに、三つの問いに向き合ってみることを推奨しますが、同時に答えが出なくてもよいことを必ず話しています。大事なことはこの時間がかかる問いかけを始めることであり、答えが見つからないからといって就職活動の足を止めてしまわないことなのです。

大学生のときは、ちょうどアイデンティティが形成されるときです。自分と他者の違いに気づき始めるときと言えます。しかし、同時に多くの学生たちが、他者と自分を比べて、

「あの人はすごい。自分はまだまだだ」と自信を喪失してしまっているのです。そして就職活動を目前に控えながら未だ何をしたいのかわからないことに対して苛立ち、「自分探し」という名の結論の先送りをしてしまうことがよくあります。

これがモラトリアム型のフリーターであり、モラトリアムの大学院進学です。

私はこのような選択はマイナスだと伝えています。わからないなりに、第一歩を踏み出してみることが大切です。やってみないといつまでたっても答えはみつからないからです。

「最初の仕事に就くときは筏下りのイメージで」

そう私は付け足しています。天職を見つけるのは、まだかなり先のこと。いまやるべきことは、激流に漕ぎ出して、流れにもまれることです。

「迷ったら激流を選べ」とも言います。若いうちに思い切って大きな仕事を任せてくれる企業を選んで、厳しい環境のなかで力を磨くのです。

まだゴールを見据えることができなくても気にする必要はありません。天職に出会ったときにそれを天職と感じられるようになるには経験が必要だからです。まだそのタイミングはかなり先にあるということです。

新入社員となって企業内で仕事を始めるようになると、元々「将来はこうなりたい」と綿密に計画を立てていたことが、幻であったが如く崩壊して、まったく違う夢を持つようになるものです。

その頃のことを思い返してみてください。はじめて経験する仕事の数々や、人との関係から、学生時代の思いなどどこかに飛んでしまいませんでしたか？

転勤や人事異動など、自分ではどうにもならない予期せぬ出来事も起こります（もちろんそれが幸福をもたらすのか、そうでないのかは後になってみないとわかりませんが）。そして志向や価値観の変化も起こります。

キャリアは偶然性に支配されている—これは「計画された偶然性理論」を発表した心理学者クランボルツ[*11]（J. D. Krumboltz）の言葉です。

もちろん偶然の出来事をただ待っていればよいというのではありません。あまり早急な意思決定はかえって可能性を狭めてしまうので、複雑で予測不可能な未来に対しては不決断の状況で対応するべきであり、内省よりも行動を重視し、自ら機会をつくり出すことが大切だと説いているのです。

新しい仕事のオファーがあったら、それは自分の仕事ではないと言わずに、やってみることです。新しい人との出会いの場があったら行ってみる。そのような日常行動が、予測不可能な未来に向き合う有効なスタンスなのです。

不確実な現状のなかで、常に前向きであれば、良い結果はおのずとついてくるものです。激流を下りながら常に前を向いている—そのようなイメージで若手の間はいいのではないでしょうか（図表4）。

ただし、筏下りもいつまでも続けていればよいというものではありません。生涯にわたって筏を下っていたら、いつかは海に流れ出て漂流してしまいます。適切なタイミングで次の段階、つまり「山登り」へと種目を変更していかなければなりません。

山登りというのは、その名の通り、ひとつの山を選んで、その頂を目指すということです。

山登りがそうであるように、同時にふたつの山に登るということはできません。ひとつの山を選ぶということは他の山を捨てるということを意味するため、決断することにはリスクが伴います。そのため、ついつい決断を先送りして、筏下りを続けてしまう人が多いようです。

企業人としてのある種の誤解もあります。

図表4　筏下りと山登りの比較表

キャリアモデル	筏下り	山登り
経験段階	新社会人〜 10年目〜20年目頃まで	筏下り後専門の道を腹決めしたときから （個人差が大きい）
この期間の特徴	○ゴールを決めず短期の目標を全力でクリアしていく ○偶然による仕事や人との出会いを歓迎する	○ゴールを明確に決めて全エネルギーを集中してそのゴールを目指す ○仕事への取り組みは計画的・戦略的に行ない、目指す山に関係ない仕事はしない
身につける能力	基礎力 （対人 対自己 対課題）	専門力 （専門知識 技術・ノウハウ）

自分が何をやりたいかを自分で選んでも、それは会社側にも考えがあるだろうし、選ぶこと自体に意味があるのかわからないと考えてしまうのです。

自分勝手にすべてがいかないのは当たり前のことです。だからといって会社任せではいけません。どうしたら（どの山に登ったら）会社に貢献できるか、大きな成果を残すことができるか、ということを責任を持って考え、それを会社と擦り合わせる必要があります。もちろん自分のキャリアのステークホルダーには家族もいるので、家族とも擦り合わせなければならないでしょう。それを「自分では決められない」と考えて、考えること自体を放棄してしまうのは間違いです。

「サラリーマンだから、言われればなんでもやる」

と胸を張る人がいますが、そのような論理が評価されるのは若いうちだけです。高い報酬をもらうならば、自分しかできない仕事をしなければ価値がないのです。

筏下りから、山登りへの切り替えのタイミングは、仕事を始めてから十年から二十年の間くらいではないでしょうか。[*12] 欧米では自分の専門性を早くに意思決定するべきだという社会風潮が強いためか、「山」を決めるタイミングが早いようですが、日本ではかなり遅めだと思います。

目安としては、筏下りの激流がゆるやかになって、少し余裕ができてきた頃。つまり今ある能力で仕事が回せるという状態になったときです。その状態を続けていれば、楽ではあるでしょうが、確実に成長は止まってしまいます。

一生成長し続けていきたいと考える人であれば、成長目標を失ったら、次の目標を設定しなければいけません。それが切り替えのタイミングなのです。

一人前になって期待通りの成果を上げるまでの過程は、それぞれの会社で道筋が決まっていることでしょう。ジョブローテーションや研修などを通じて、確実に一人前になれるように、流れができています。しかし、そこから先は個人別になります。意思決定した山ごとにプログラムは異なるはずで、しかもそのプログラムはあらかじめ設定されているわけではありません。自分が主導権を持って、会社の協力を得ながら進めていくプログラムなのです。

「山」のイメージをもう少し鮮明にしておきましょう。

山登りは、プロフェッショナルへの道と呼んでもいいと思います。山は三つの問いの答えですから（詳しくは第2章）、才能・価値観・志向がすべて満たされるものであることが理想です。

経営学の泰斗であるドラッカー（P. F. Drucker）は、キャリアの基本戦略は、「強み」の上に自分自身を築くことだと述べています。[*13]

他者よりうまくできることは何か。たとえば、「人脈を広げることが得意だ」とか「基本計画を立てることが得意だ」とか「人を説得するのが得意だ」とか、そのようなもので何が強みかを自覚してみましょう。自らの強みがよくわからなければ、気の合う上司や長年一緒に働いている同僚に尋ねるとよいでしょう。おそらく明確にあなたの強みを語ってくれるに違いありません。

もうひとつは専門性の「分野」を選ぶことです。営業とか、経理とか、法務とか、あるいは経営管理とか。できれば今いる会社にとって重要な分野であるほうがよいと思います。今まで長く経験を積んできた分野のなかから選ぶことができるならばそれがもっとも理想的です。あるいは経験はないがどうしても気になる分野があるというのならば、異動希望を出して、その仕事を実際にしてみることです。本当に自分に合った分野かはある程度経験してみないとわかりません。必要な試行錯誤をしてみることも、山選びには大事なことです。

行動領域の強みと、専門分野をクロスしたものがあなたの「山」です。クロスすることによって「山」は無限に存在します。それを自分がしっくりする言葉で書いてみることをお勧めしたいと思います。

たとえば、

「複雑なことをわかりやすく説明できる『人』の問題のプロ」

というのが、私が山登りをするときのイメージでした。もともと構造化して解きほぐすことが自分の強みだと思ってましたし、本質を捉えていてわかりやすいというお褒めの言葉をいただく機会があったのです。そして、雇用・労働・キャリア・人材マネジメントに関心があり、これは所属する会社にとっても極めて重要な専門分野にあると考えたために選んだのでした。

このように「山」を書いてみてください。

書いたら、いろいろな人に見せたり、相談してみることです。否定されることもあるかもしれませんが、それでいい方向に軌道修正できることもあるでしょうし、反対されて気持ちが萎えてしまう程度のものであれば、もともと大した案ではなかったということです。また考え直せばよいのです。

山を選ぶということは、捨てることでもあるので、「この技術分野で、生涯最前線で新しい技術開発に邁進するのだ」と決めれば、経営者となって昇進していくことは捨てるということになります。反対もまた同様です。

それを「腹決め」して、周囲にも宣誓してしまうことがスタートです。プロフェッショナルの語源であるprofessは、もともとキリスト教への入信を宣誓するというところから来ています。

周囲に宣誓することで、あなたが選んだ山で、あなたが活躍することを期待してくれるようになれば、組織との折り合いがよくなります。特に上司や上司の上司、役員などに自らの選択を理解してもらうことができれば、その意思決定に反した人事異動を避けられるかもしれませんし、その決断が本気だとわかれば、さまざまな支援をしてくれたり、ミッションとして期待してくれたりするでしょう。私はこれを「期待形成」と呼んでいますが、節目でキャリアの意思決定をしたときは、その方向で期待してもらうことが欠かせないのです。

反対に、いつまでも山を宣誓せずに、都合が悪くなったら変更できるようにしておく人は、結局筏下りをしているのと変わらなくなってしまいます。「実は心の中では決めている」というのではだめです。口に出してはじめて、一歩前に踏み出すことができるのです。そして口に出して言うことは、自分自身をその気にさせることにもなります。

有言実行。とても重要なポイントです。

日本型
キャリアデザイン
の方法

PART 2

「筏下り」の技法

第5章

ひとり立ちまでの6つの壁

第5章から第9章では、「筏下り」期のキャリアデザインについて具体的に考えてみたいと思います。

まずは、入社してひとり立ちするまでのキャリアです。

入社してからひとり立ちするまでには概ね三〜五年くらいの時間がかかるとされています。企業の人事部門に対して行なった調査[*14]によれば、新人がひとり立ちするのにかかる年数は平均三・四年となっています。業種や職種によってばらつきはありますが、三年という数字は早期離職の目安とも一致しているのが興味深いところですね。つまり三年未満で離職してしまうということは、ひとり立ちせずに辞めてしまうということですから、当人から見れば、労働市場からは経験者として評価されないということでマイナスですし、会社から見れば給与に見合う成果を上げずに辞めてしまうわけですからこれもまたマイナスということで、お互いに失うものばかりなのです。

逆に言えば、このひとり立ちするまでの初級キャリアと呼ばれる期間には、その後のキャリアを方向付ける重要な課題がいくつも含まれています。とても重要なときですし、新人を預かった上司・先輩は責任重大です。

私はこの時期に越えるべき壁が六つあると考えています。それは誰もが必ずと言っていいほどぶつかる壁であり、きちんと向き合い、きちんと越えていくべきものです。一人前に仕事ができる人になるための、一種の「通過儀礼」のようなものと言えるかもしれません。

そこでくじけたり、立ち止まってしまう人もいますが、それでは前に進むことができません。周囲の力を借りつつ、力強く乗り越えていくしかありません。

以下その六つをご紹介しますが、ひとり立ち前の当事者と、その上司・先輩にあたる人と両方の読者がいることを想定して書きたいと思います。

❶自己開示の壁

いかに職場に適応するかということが第一の壁です。仕事では毎日長時間にわたって同じチームのメンバーと苦楽を共にすることになります。学生時代とは違って、仕事では、気の合う人とだけ付き合うとか、嫌いになったらもう話をしないというわけにはいきません。表面的にうまく人間関係をこなしているように見えても、本音の部分を隠したままであれば、いつかわかってしまいますし、そもそものような形式的な関係では仕事の場面では間に合いません。

そこで協働関係をつくる大前提となるのが、自己開示ということです。自分自身の弱い部分や本音の部分を見せることで、より親密で、信頼できる関係をつくっていくのです。「彼（女）は何を考えているのかわからない」と言われるようでは、仕事の連携はできません。

この壁は、大学生までに部活動などで繰り返し組織に適応してきた経験があれば、すんなりと乗り越えられるものだと思います。逆にその経験がないと一歩踏み出すのに苦労するかもしれません。自分をさらけ出すということは、基本的にはとても恐いことですから。

上司や先輩は、自己開示ができていない若い社員に対してそれを促す役割を負っています。もちろん無理やりに言いたくないことを言わせるというのではいい結果は生み出せません。自己開示の「返報性」を利用するのです。自分が「あなたにだけ話すんだけど……」というように自己開示をすると、それと同じような水準で相手も自己開示してくるという法則です。まず上司、先輩が自己開示し、相手にも素直に自分をさらけ出すように促すのです。

また会議などの場面で自分の意見をなかなか言えない新人に対しては、会議終了後に個別に声をかけて、「あなたは今の件についてどう思ったの？」と聞いてあげるのです。そして、次回からはそのような意見を会議の場で話すようにアドバイスをしてあげるとよいでしょう。会議などの場面で発言して、周囲から否定されることは恐いですし、もしも先輩と意見対立して気まずい関係になるのも嫌です。そのため、つい口をつぐんでしまうのですが、それではいつまでたっても仕事になりません。人間関係を悪くしたくないために適当に合わせてしまうのは、「過剰適応」と言われる状態で、長い時間それが続けば徐々に息苦しくなってしまいます。

❷行動規範の壁

会社や職場のルール、とりわけ職業人としてあるべき行動やものの考え方などを身につけるのが行動規範の壁です。

どのようにして覚えるのかといえば、それはほめられることと叱られることです。ほめられるということはその行動が推奨されるものだということになりますし、叱られるということはそうではないということです。身近な上司や先輩が適切にほめたり叱ったりしない職場では、いつになっても何が正しいことなのかわかりません。また成長実感もわきません（第7章参照）。

範囲はあいさつの仕方から、顧客と向き合うスタンスまで、幅広くあるでしょう。初級キャリアの時期は、仕事と向き合うスタンスを確立するときです。仕事に真剣に向き合い、周囲の協力を得て、叱られながらも、成果を上げてほめられる。その一連のプロセスが感動的であればあるほど、真剣に仕事と向き合っていこうというスタンスが固まるのです。「仕事とは」という自問自答を初級キャリアでは繰り返すものです。答えを探しながら、仕事の規範を覚えていくことで、やっと社会人らしくなってゆくのです。

❸不安対応の壁

仕事では自分自身の実力以上の難易度の仕事を任されることがよくあります。ストレッチといって、成長のために意図的に背伸びしなければできない目標を与えることもあります。

そのとき、人は不安になります。寝ても覚めてもそのことが頭から離れなくて、時にはその仕事から逃げ出したいと思うかもしれません。せめてこの不安心理だけでも消えてくれないかと思うかもしれません。

しかし不安になるというのは、人間に身についた安全のための作用なのです。危険があるときにそれを察知して適切に準備することで身を守るためのものです。だから不安を消すのではなく、不安のもとになる実力不足を解決しにいくことしかありません。

フロー理論などの研究で知られる心理学者のチクセントミハイ（M. Csikszentmihalyi）は、不安は人の成長を促進するものだと考えました。仕事への挑戦度と能力を比べた場合、能力が上回っていれば安心ですが次第に退屈になります。反対に挑戦度が上回っていれば不安になりますが、その不安状態を回避しようとして能力を高めるような行動を取るようになるというのです。

もちろん能力向上のための行動だけで不安と向き合うのはいかにも息苦しいので、ストレスを発散するストレスコーピングの技術も必要でしょう。

いずれにしても、仕事に不安はつきものなので、不安をむしろ味方にするくらいの対応力を持たねばなりません。不安につぶされないだけの対応力をつけるというのが第三の壁です。

❹自己信頼の壁

未経験の仕事でも前向きにできるようになるというのが自己信頼です。心理学者であるバンデューラ（A. Bandura）はこれを自己効力感（self-efficacy）と呼びました。まだやったことがないことでも「きっとできる」という気持ちになって向き合える自分自身に対する信頼感なのです。

自己効力感がある個人やそのような個人が集まった組織は、難しい課題にも積極的に挑戦して大きな成果を上げることができます。反対に自己効力感がない人で構成された組織は、活気がなく、コミュニケーション不全に陥っているケースが多いでしょう。リーダーであれば、自己効力感にあふれたチームをつくるということがひとつの目標になるに違いありません。

ではどうしたらそのような状態がつくれるのでしょうか？　まずは成功体験の積み上げです。たとえ小さな成功でも、それが積み上げられていけば、確実に自己への信頼感は高まっていきます。自分はできる人なんだ、という思いを持つようになるでしょう。もしも自信が成功体験に裏打ちされていないものだとしたら、それは「根拠のない自信」ということになります。いくら自信がありそうにしていても、いざ難局に直面すると自信はたちまちに崩れて深い自信喪失に陥ってしまいます。

さらに観察も重要です。身近にいる先輩や上司がやっている仕事の様子をじっくりと観察すること。これをモニタリングといいますが、たとえ自分でやっていなくても、そうすればできるのだ、ということがイメージできるようになりますから、「きっとできる」という思いにつながるのです。

加えて尊敬できる先輩や上司から、「あなたならきっとできるよ！」という励ましがあるとさらに「きっとできる」という感情は高まります。これを社会的説得と言います。

自己信頼を醸成するには、同じ職場の先輩や上司の行動も肝心なのです。

❺後輩育成の壁

新人と呼ばれる一年目を終えると、早い職場では後輩が入ってきて後輩の面倒を見るという仕事を任されます。そうでなくても、数年のうちには後輩に仕事を教える役割に就くでしょう。「自分のことで精一杯なのに、後輩の面倒までみていられない」と不満に思うかもしれませんが、それはちょっと違います。これは大事な通過儀礼なのです。

まず、後輩にアドバイスするということは、ひとつ上の視点で仕事を見るということになります。つまり「新人卒業」を意識付けることになります。

さらに、教えることを通じて、それまでに仕事で身につけた知識や技術を、もう一度整理して形式知化することを求められます。できるだけでなく、わかる状態にならなければ、人には教えられません。

また、後輩の育成について、上司と話し合うようになるでしょう。これは縦のコミュニケーションの本格的なスタートを意味します。

このような狙いのもとに後輩を任せてみようと判断されるので、成長には不可欠な段階なのです。逆に長い間後輩が入ってこない職場にいると、どうしても成長は遅くなってしまうでしょう。

❻上下関係の壁

上司とうまく付き合うということです。これは仕事をする上で欠かせないスキルです。ところが上司との良好な関係がつくれていない人が圧倒的に多いようで、「反目する」人や、「距離を置く」人、「盲従する」人などになってしまいがちです。

上司との良好な関係を築くことは、アメリカでは「ボス・マネジメント」と呼び、書店に行けば多くのビジネス書が置いてありますし、ビジネススクールで教えることもあります。上司は仕事上もっとも重要なパートナーであり、戦略的にその関係性をマネジメントすることが推奨されているのです。

日本では家族主義的に会社や職場を考える習慣があり、上司というと父親とイメージをだぶらせる人がいます。そのため完璧を求めたり、甘えてしまったりしがちです。「上司が正当に評価してくれない」と嘆く人も、実は仕事の成果をきちんと報告していなくて、それでもいつも見ていてくれるはずという甘えがあり、文句を言っているというケースが多いのではないでしょうか。

上司との関係は、重要な顧客との関係と同様です。戦略的に、どうしたら上司の支援を引き出せるか考えるものなのです。

そのために身につけるべき行動習慣は、「報《ほう》・連《れん》・相《そう》」というものです。事前の相談、途中の連絡、結果の報告という三つですが、このような報・連・相の習慣が身についている部下というのは上司から見て安心できて信頼できます。もうひとつは、上司に関心を持つこと。上司の視線からはどこが気になるのか、と想像してみることができれば、上司との距離はぐっと近づき、上司からの支援は得やすくなるでしょう。

図表5に示したように、上司はさまざまな支援をしてくれる可能性を持っています。上司からの支援をうまく引き出すよう工夫をすることは、リーダーシップの開発にもつなが

図表５　上司の支援

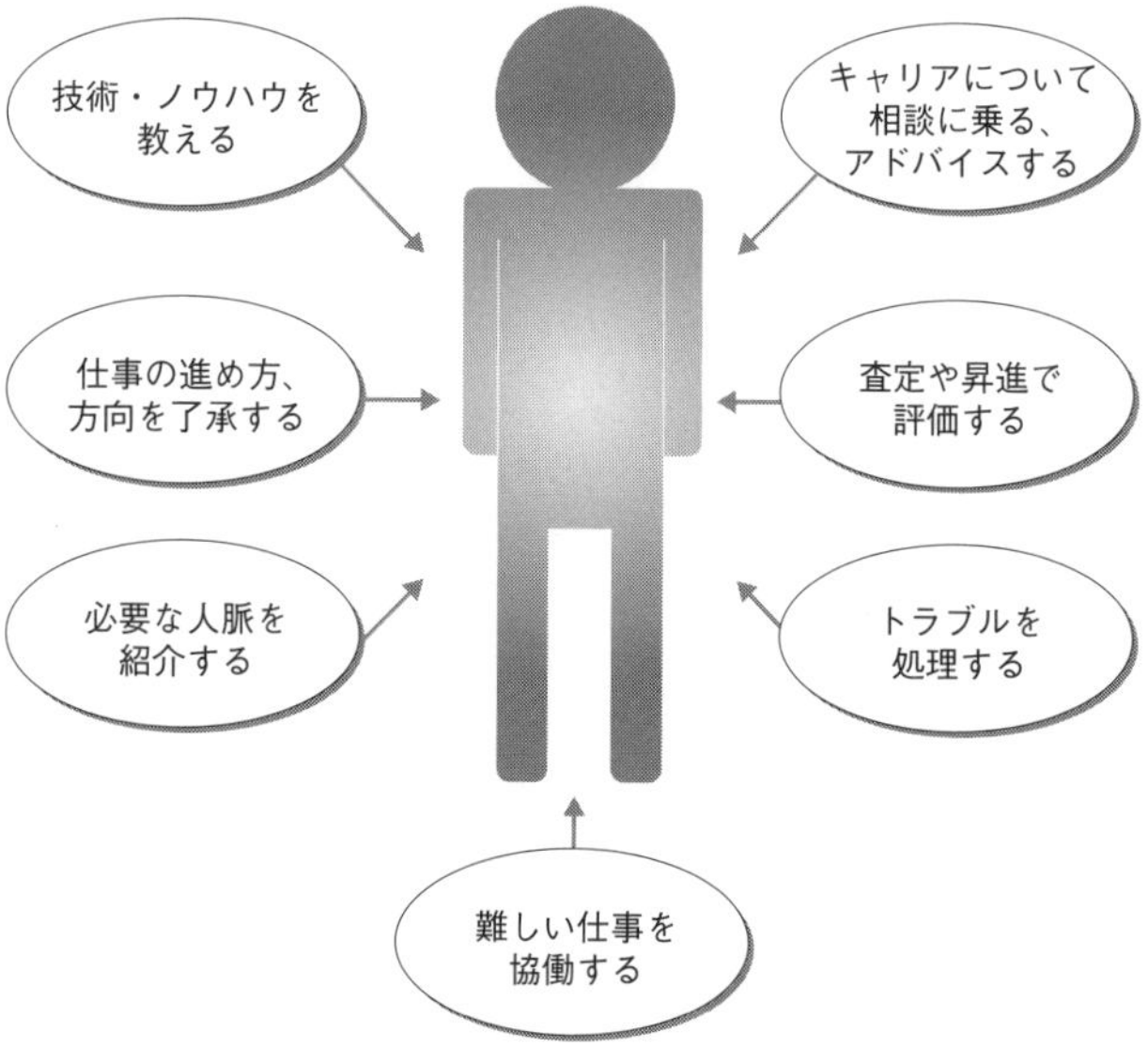

るといわれます。部下に対してリーダーシップを発揮する前に、まず上司で練習する。そのような気持ちで向き合えば、上司が嫌だから仕事のモチベーションが上がらないというような事態はずいぶん解消されるのではないでしょうか。

すでに社会人となって長い年月を経てきた方からすれば、いつか通り過ぎた懐かしい道かもしれません。しかし、これらの壁を越えたところにしか、自らのキャリアを築くことはできないのです。

すでに気づいたかもしれませんが、これら六つの壁は、基礎力のなかの

「対人能力」「対自己能力」というコンピテンシーに密接に関連しています。「自己開示の壁」であれば、親和力と協働力。「行動規範の壁」であれば、行動持続力。「不安対応の壁」であれば、感情制御力。「自己信頼の壁」であれば、自信創出力。「後輩育成の壁」であれば統率力。「上下関係の壁」であれば、対人能力のすべて（と対課題能力）です。正面からこれらの壁と向き合い、それを突破することで、いつの間にか基礎力も身についているというわけです。六つの壁は、筏下りの激流に潜む六つの難所と言い換えてもいいでしょう。全身全霊で向き合い、越えていくものなのです。

第6章

人事異動をキャリア形成に利用する

企業内キャリア形成と密接にかかわるものにジョブ・ローテーション（人事異動）があります。日本企業では旧来、頻繁な人事異動が一般的でした。その意味は、たくさんの部署を経験することで優れたゼネラリストになるということがありますし、特に公務員では癒着を防ぐという意味もありました。

しかし、現在では、それぞれの職務が高度化して長期的な就業による経験がなければ、成果を上げることが難しくなったことや、ゼネラリストに対する認識が変化したことから、人事異動を繰り返すことは当然のことではなくなりつつあります。

ゼネラリストは、幹部候補の社員にとって、目指すべき姿でしたが、大きな誤解を含んだ言葉でもありました。つまり、本当のゼネラリストは、専門性を持ちながら、その他の分野にも知見を持ち、広く専門家を活用するリーダーシップを持った人を指すのであって、何の専門性もない人を指すわけではないということです。頻繁すぎる人事異動と年功序列型の昇進は、悪い意味でのゼネラリストをつくってしまうことに誰もが気づいたのです。

改めて人事異動の意義を考えてみましょう。

まず、質問です。

専門性を確立してプロの道を歩む上で人事異動を経験することはプラスでしょうか、マイナスでしょうか？

人事異動を経験せずに、はじめからひとつの仕事をじっくり取り組んだほうが早くプロになれるような印象を持つかもしれませんが、私はむしろ異動を経験したほうが、近道だと考えます。これは仕事を俯瞰的、客観的に見る力を養い、自分と仕事との関係性を見極めることにもつながるからです。

ひとつの仕事だけをしているとだんだん視界が狭くなって、その仕事の本質を見極めることができません。たとえば、ずっとスタッフとして仕事をしている人と、一度ラインを経験している人とでは、スタッフとして何をするべきかをよりわかっているのはライン経験者ということになるでしょう。二つの仕事を経験していれば、それぞれを客観的に眺めることができるのです。

大きな異動であればあるほど、客観的に見る機会は増えます。地方勤務の機会や海外勤務の機会、出向の機会などを思い浮かべてみてください。地方勤務や出向では、本社というものを遠くから眺めるよい機会になります。業務全体がどのように動いているのかが見えるでしょう。海外勤務では自社を代表して交渉に当たらなければなりませんから、自社のこと、そして日本のことをみつめる機会になります。

たいへん有意義な時間になるはずなのですが、地方勤務や出向は、受け止め方によっては気持ちが腐ってしまって、意欲を喪失してしまうことがあります。これは本人の問題というだけでなく、地方勤務や出向を会社がキャリア形成のなかでどのように位置付けて、内示場面でどのように動機付けしているかによります。

せっかくの地方勤務や出向だから、本社ではなかなかやらせてもらえないような仕事に挑戦してみようとか、失敗を恐れず小さな売り上げ規模だからこそできる挑戦をしてみようというマインドになれれば、プラスの経験になるはずです。

海外勤務も、昨今では、海外畑の人材を育てるというだけではなく、一般的なリーダーシップ育成の機会のひとつという位置付けで実施する企業が増えています。海外ではワンランク上の役職に就けられることも多いですし、そうでなくても、異文化のなかで、説明能力やリーダーシップなどの重要なスキルを確かめ、磨く機会になります。

キャリアのはじめには、まず「筏下り」が重要と申し上げたように、若手の頃は流れに乗っていくつかの職務を経験してみることです。そうすることによって、自分に適している仕事か、そうでない仕事か見極める力がついてくるのです。そのような人事異動のなかで蓄えた情報を元に、自らの「山」を選択するわけです。

最終的にプロの道を歩む前に、もしも一度経験してみたい分野があれば、そのときは自ら異動を申し出るべきでしょう。それまでの経験や思考から「きっとこの道こそ私が選ぶ山になるのでは？」と思うところに異動するのです。

日本ＩＢＭという会社は、プロを育成することにたいへん優れている会社として知られていますが、プロの認定を受ける年次の前に、自己申告で比較的自由に人事異動できる期間を設けています。このような人事異動を可能にすることで、どの道をプロの道として選ぶかを決断できるようにしているのです。[*15]

プロになるには十年という準備期間が必要だとされます。いくつもの職務を経験するとそれだけプロになれるときは遅くなるのですが、「早く選んでも正しい道が選べるかどうかわからない」「複数の職務を経験していないとなかなか決断できない」「他の経験を積んだことは無駄にならずむしろ必要な経験になる」ということで、異動はするべし、と思うのです。

次に、人事異動の実態について、俯瞰しておきましょう。

図表6にあるように、管理職に昇進する以前に、ビジネスパーソンは平均二・六回の人事異動を経験します。職務変更を伴う異動も四人に一人（二三・八％）が経験していることになります。

多くの会社で採用されているのは、販売や製造などの現場を経験させるための初期配属とその後の本配属というものです。現場のリアリティをもってそれぞれの仕事に当たるというもので、客観化して仕事をみつめる構造を最初から織り込んでいるわけです。

また、入社五年目くらいで人事異動させるという企業も多いようです。これは五年くらいの経験を積めば、その仕事でひとり立ちできるようになっていること。そして五年あれば、いま担当している仕事にどのくらいの適性を持っているか判別できるから、というのが理由のようです。

適性のある仕事では潜在的生産性が高くなり、山の頂が高い成長曲線を描きますが、反対に適性が弱ければ、そのまま仕事を続けていても、ピーク時でも成果は限られたものに

図表6　人事異動の実態

	管理職昇進前	課長時期
異動回数	2.6回	1.5回
	（経験ありの割合　%）	
部門をまたぐ異動	42.2	36.3
職務変更を伴う異動	23.8	14.5
ラインからスタッフへの異動	8.1	7.3
スタッフからラインへの異動	6.7	5.1
本社→支社への異動	18.0	9.8
支社→本社への異動	17.5	13.7
日本→海外への異動	5.6	1.7
出向	9.6	4.7

出所：リクルートワークス研究所「ワーキングパーソン調査 2008」

なります（詳しくは第11章）。五年もたてば、それがわかるというのです。

新聞社で、将来会社を代表するジャーナリストになれるか否か、医薬品会社で、将来有望な新薬を開発できる技術者になれるか否か、それらは五年もたてば、少なくとも可能性があるか否かはわかるのです。可能性が低いならば、早めに別の道を経験させて、より高い山のカーブを描ける仕事を見つけさせたほうが効果的でしょう。

三十代になると将来会社を担うリーダーになりそうな人材ほど、異動させてみるという企業があります。同じ仕事のままだと成長が鈍化しやすいので、リーダーシップの開発につながるような、「修羅場経験」を積ませるのです。これまでの部署で同期よりも業績を上げてきた人に、「自分はまだまだだ」と思わせて、成長を促進するのです。

管理職に昇進してからの異動はどうでしょうか？

図表6にあるように、課長職期間中の平均異動回数は一・五回ですが、異動を経験する人の比率が三六％しかいないので、異動しないという人も多いようです。大企業では課長在任期間の平均は約六年ですから、その間同じ仕事をしている人がけっこう多いということになります。

それは課長クラスになると、その人の専門性がある程度固まってきていて、動かさないほうがよいと判断している側面もあります。もうひとつは、課長職の八〇％はプレイングマネジャーなので、個人業績を安定的に上げつつマネジメントも担当しているため、本人のキャリアのプラス・マイナスに関係なく「動かしにくい」という側面もあります。直属の上司からすれば、便利で動かせない、ということかもしれません。

私は、課長段階ではもっと異動したほうがいいと考えています。少なくともプレイングマネジャーだけをやり続けるのではなく、専任マネジャーやプロフェッショナルプレイヤーなどの道も試してみるとよいでしょう。もしも山登りの山が意思決定できていないならば、部門や職種を越えた異動もいいと思います。

人事異動と成長実感の関係を見た面白い調査があります。部長職、課長職の個人にそれぞれ調査しているのですが、「課長期間中のラインとスタッフのローテーションは課長職の成長実感を高めるか」を尋ねたところ、部長と課長の認識に大きな差が出ました。部長は有効と判断したのに対して、課長はそれほど有効とは回答しなかったのです。部長職は課長にもっと大きく成長して欲しいと願っているのではないでしょうか。[*16]

「大課長」で終って欲しくないから、視界を広げて欲しいと思っている。しかし課長は今までの経験が無駄になりかねないと感じているということでしょう。

部長級での異動はどうでしょうか？

部長級になるのは、「プロ」でなければならないと思いますので、それならば闇雲に異動させないほうがいいでしょう。異動させるのは、近い将来役員にする人に、いくつかの部門を見せておくためにする短期間・複数回の異動だけでいいと思います。

ところが、実際には部長級の異動は頻繁です。そのうち何人を役員にするかわからない低い確率のために、全員をゼネラリスト化してしまうのではなく、会社を代表するプロとしてその領域に専念させる人の比率を高くしたほうがいいのではないでしょうか。

そうでなければ、本当の企業競争力はつくれないと考えます。

第7章

成長実感を持ち続ける

今現在、キャリアが順調にいっているか、いないかは、何によって判断できるでしょうか？　査定評価や出世のスピードを思い浮かべる人もいるかもしれませんが、それは外側から与えられた表面的なものであり、もっと自分自身の心の中にある何かで判断したいという欲求があるはずです。

自らにとってのキャリアの良し悪しは、ある程度の年月を経て振り返るときにしみじみとわかるものですが、振り返ってみて「失敗した」と思ってももう間に合いません。これでいいのかどうか、その時点で知りたいはずです。

そこで代理指標となるものが何かないかということになりますが、ひとつあります。それは「成長実感」です。

今、成長していると思えるかどうかをキャリアが順調にいっているかどうかの代理指標にするのです。成長実感とは、読んで字の如く、「職業上のスキルや知識などの能力が向上していることの認知」です。

成長というと若い世代の問題と思うかもしれませんが、必ずしもそうではありません。人は死ぬまで成長しますし、仕事をする以上、成長は不可欠なものです。ベテランになっても成長している人は輝いていますし、そうでない人はやはり魅力的ではありません。

脳トレなどのゲームをしていると二十歳の頃がベストで、あとは下降するのみという気分になりますが、新しいことを学習したり環境に適応する能力である「流動性知能」は中年期まで伸び続けますし、蓄積した学習や経験を活かす能力である「結晶性知能」は六十歳頃にピークを迎え、その後はゆるやかに後退するものの長期にわたって高い状態を維持し続けるのです[*17]。

もちろん若年の時期のほうがより成長もしやすいですし、成長実感を持ちやすいのも確かです。

若年の場合、そもそも仕事をする目的が「成長したい」ということなのです。

仕事をする目的（ワーク・モチベーション）には二つの軸があります。「利己的」「利他的」という軸と、「内生的」「外生的」という軸です。就職を控えた学生たちが思う仕事をする目的は、「利己的」「外生的」に偏っています。つまり「お金が欲しい」「成長したい」という利己的要因と、「親がうるさい」「働かないとはずかしい」という外生的要因です。成長自体が仕事をする目的として自己目的化していることがわかります。

もっとも、働いているうちに働く目的は変化してゆきます。徐々に「利他的」「内生的」要因が強くなるのです。「社会に貢献したい」「顧客に喜んでもらいたい」「家族を守りたい」というような利他的要因と、「仕事が楽しい」「もっと知識や技術を活かしたい」などの内生的要因です。

このような変化は極めて健全なことだと思います。仕事での自らの貢献にリアリティがあるのとないのとでは、目的も変わって当然でしょう。逆に働くなかでうまく「利他的」「内生的」要因が広がってくれれば、働くことがより有意義に感じられるはずです。人は自分自身のために頑張ることには限界があります。誰かのために頑張るから、苦しいときも耐えられるのです。

さて若年の成長実感ですが、若年離職の「7・5・3」と言われるように、大卒でも入社三年以内に三割強の人が退職しますが、そのもっとも大きな要因は「成長実感が持てない」ということです。[*18] 成長することが目的で就職したのですから、それがかなわなければ辞めたいと思うのも自然なことでしょう。

若い頃の成長実感を大きく左右するのは職場環境や仕事内容です。職場に「この人のようになりたい」というロールモデルがいるかどうか。そのような人がいると定着し、そうでないと転職意向が高くなるという調査もあるほどです。

また、若年期の成長実感は、認められること、ほめられることによって実感される傾向があります。たとえば上司からほめられるとか、顧客からほめられるということを通じて「成長したのかな」と思うのです。上司の役割は大きいのです。

一般に顧客との接点を持つ仕事をしている人と、スタッフなどの顧客接点のない人とを比較すると、顧客接点を持っている人のほうが、成長実感が高く出る傾向があります。それは顧客から日々ほめられたり、叱られたりすることが成長実感につながっているからに他なりません。

もちろん環境だけということではありません。本人の対自己能力による部分も大きいでしょう。たとえば、今の顧客接点の有無の問題でもそうです。スタッフ部門で直接顧客と接していない仕事を担当していても、社内のユーザーを顧客とみなして仕事をしている人がいます。このような顧客にあたる人をイメージして仕事をしている人とそうでない人では成長実感を持っている比率が異なる（もちろんイメージしている人が高い）という分析結果も出ているのです。[*19]

ただしこの場合の成長実感は、ほめられることに起因するものではなく、どのような仕事にもやりがいを見出して、モチベーションを高めることができる力によるものです。対自己能力のうちの自信創出力にあたります。

また仕事に対する自らのモチベーションを高めることがうまい人は、経験から学習することも多いため、成長実感を持ちやすいものです。

「学習視点」という言葉をご存じでしょうか？　同じ仕事をしていても、それをどのように意味付けするかによって成長が大きく変わってしまうのです。たとえば、スーパーで棚に商品を並べる仕事をしているとしましょう。それを単なる雑用と思うならば、残るのは疲労ばかりです。でもどうせやらなければならない仕事なら、そこから何か吸収してやろうというのが学習視点です。棚というのはマーケティングの最前線でその使い方で売り上げが決まるといっても過言ではありません。メーカーの営業も棚を取ることに血道をあげています。自分が並べた商品がどのように棚を確保し、どのような成果を残すのかを気にかけて仕事をすれば、仕入れの仕事にもつながる経験となりますし、商品知識も豊富になり、なにより雑用と思っていたことが楽しくなります。若いときに学習視点を持つという行動習慣を身につけた人は同じ経験のなかから他の人よりも大きな成長を手に入れられるのです。

高い成長実感は、仕事への全力投球から生まれます。適度に難易度の高い仕事を与えられ、期待されて、評価される。そのような環境で、うまく環境を活かすときに、継続的な成長実感があり、結果として成長するのです。これは「筏下り」がしっかりできている状態と言えるでしょう。

フリーターが問題になるのは、フリーターが低賃金で不安定だからというよりは、二十代というもっとも成長するときに、あまり重要でない仕事をたいして期待されずにやって時間を過ごしてしまうことで、その後のキャリアが展望できなくなることにより本質的な問題があるのです。学習視点が身についていれば、どんな仕事でも成長できるとはいうものの、フリーターとしての職務では、はっきりとした成長実感が持てるのは、多くの場合最初の半年程度で、その後は仕事に慣れるにつれて成長実感も低くなっていきます。今現在フリーターをしている人は、成長できる仕事を任されているかどうか改めて考えてみる必要があるでしょう。そしてできるかぎり早い時期に、「筏下り」がしっかりできる環境に移ることです。

さて、成長実感が持ちにくくなるタイミングがあります。個人差がありますが、それは三十代です。理由は明白で、一人前になるからです。図表7の「能力の自己評価」を見ると、二十代の成長が著しいことと、三十代以降も成長がゆるやかながらずっと続いていくことがわかると思います。そして三十歳以降はとてもばらつきが大きくなるのだということを知っておいていただかなければなりません。

初級キャリアでは、わざわざ成長目標を設定しなくても、全員共通の目標として、ひとり立ちする、一人前になる、という目標があります。当然これを追いかけますが、いつかはその目標を達成してしまうので、次の目標設定が必要になります。

異動を経験していると、その都度一人前になるという目標がありますが、異動がなければ、目標喪失という状態で成長も停滞してしまいます。

ここから先は、成長実感を担保するものは環境ではなく、自分自身になります。

ひとつには、課題を発見して、それを他者と協働しながら、解決して、成果を得る、というサイクルを自らの主導で行なうことです。仕事を与えられるのではなく、自らつくり出すことで、成長実感を途切れさせない流れができます。

もうひとつはすでに第4章で解説したように、筏下りから山登りへとステージを変えて、

図表7　能力の自己評価

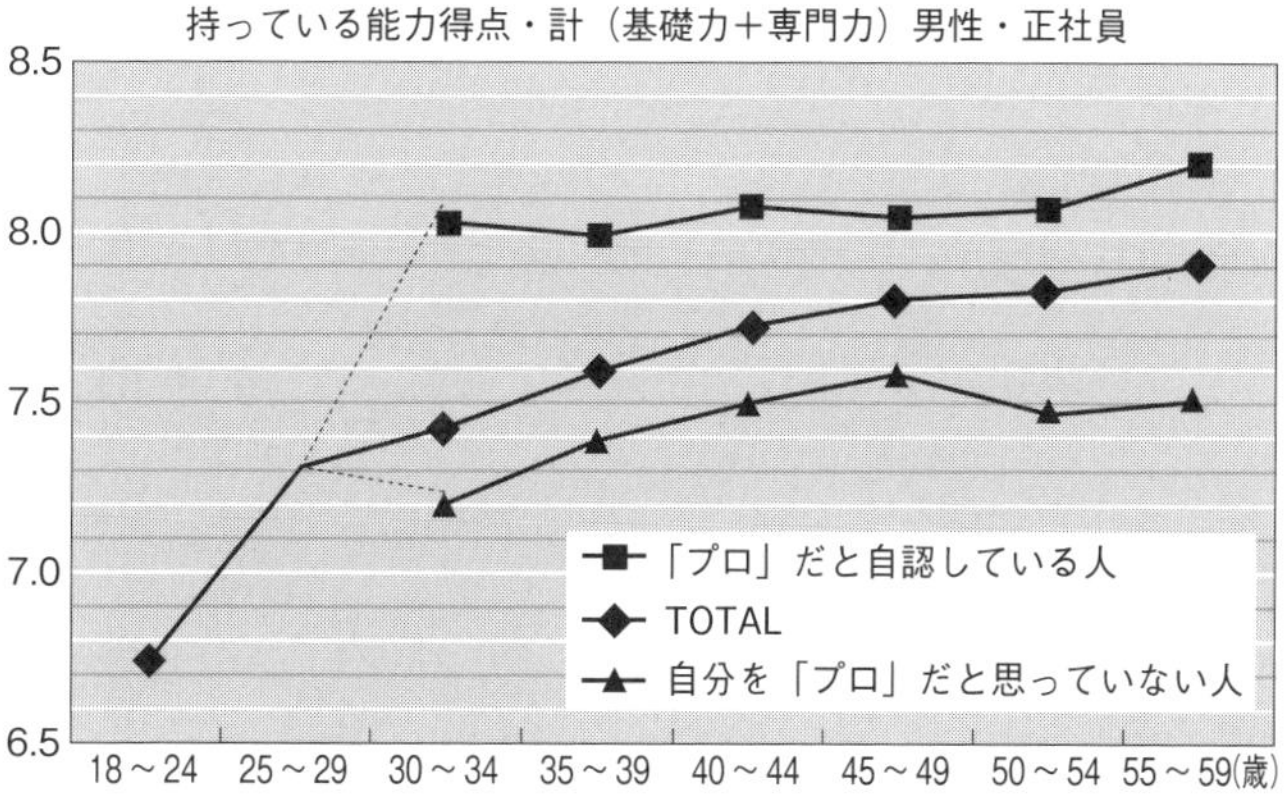

出所：リクルートワークス研究所「ワーキングパーソン調査 2008」

プロを目指して、専門性の腹決めをすることです。図表7の能力の自己評価のグラフでも、プロになった人と、そうでない人とでは大きく差がついていることがわかります。職場に求めていたロールモデルを、その職業に携わるすべての人に拡大するのです。

プロになるということは、「内向き」を正すということでもあります。社内・職場内の小さな世界に閉じこもらずに、広く社会を見るということです。三十歳前後に企業派遣で国内外のMBAなどに派遣される人がいますが、このような大学院に送り込む理由は、経営管理の基礎を身につけることや幅広い人脈を身につけるとともに、一種の他流試合を経験させることで、「世界は広く、上には上がいる」ということを実感させて、成長の歩みを止めないようにという意図があるのです。

一人前気分になって、「もう学ぶことはない」と天狗になっている人（高業績を上げている人であればあるほど）の鼻をへし折って、油断しないようにさせるのです。

第8章

経験から学ぶリーダーシップ

筏下りの時期に磨いておきたい能力に、リーダーシップとマネジメントスキルがあります。そのように言うと、リーダーシップはリーダーになってからでは？　とか、マネジメントスキルは管理職に求められるものなので、筏下り期というよりは山登り期なのでは？と思うかもしれませんが、実はそうではありません。

まずリーダーシップですが、リーダーシップはリーダーだけが発揮することを求められるのではなく、ある目的をもってつくられたチームの「全員」が発揮することを求められています。会社に入れば、新入社員のときからさっそくリーダーシップを発揮することを求められるのです。チームの成員が多くなり、多様なメンバーがいて、目指す目標の難易度が上がれば、それに伴って求められるリーダーシップのレベルも上がりますが、基本的なレベルのリーダーシップは始めから求められるのです。二、三人の同僚と協働して仕事をする場面でも、誰もリーダーシップを発揮しなければ前に進みません。特にリーダーというのは決めていなくても、メンバーがそれぞれにリーダーシップを発揮するからチームはその目標を成し遂げることができるのです。

マネジメントスキルについては本格的には確かに管理職になってから求められるのですが、急に身につくわけではありませんから、実際には管理職になるまでにある程度のスキルを身につけておかなければなりません。

それではリーダーシップの基礎となるものは何でしょうか。リーダーシップ論の古典的理論に、社会心理学者である三隅二不二氏のＰＭ理論[*20]というものがあります。ＰはPerformanceの頭文字で目標達成行動を意味します。またＭはMaintenanceの頭文字で集団維持行動を意味します。この二つの要素がリーダーシップを構成するもので、その両方が高い水準で発揮されているときに、大きなリーダーシップを発揮していることになるのです。

たとえば、会議をして企画を決めなければならないというときを想定してみましょう。企画を決定するということが達成すべき目標ですから、有力な提案をしたり、意見集約の仕方を提案したり、問題点を整理したり、よい提案を採用したりということが必要ですが、これらがこの場での目標達成行動になります。同時に、意見が出やすいように場をなごませたり、発言の少ない人に水を向けたり、なるべく多くの意見が活かされるように配慮したりということも必要でしょう。これらが組織維持行動になるのです。実際の会議ではひとりの人がそれらすべての役割をやるとは限りません。部分的にリーダーシップを発揮して貢献する人もいるでしょう。

この事例からも想像がつくと思いますが、実は目標達成行動は、基礎力でいうところの対課題能力と類似するものです。また集団維持行動は対人能力そのものです。

さらに対自己能力が、対人能力、対課題能力を支える構造になっています。

たとえば仕事で不満なことがあったとしましょう。不満とは「期待と結果のギャップに対する怒り」です。不満に対して、愚痴を言ったり、固執したりという悪循環にはまってしまえば、結果は失望にしかなりませんが、対自己能力が高い人であれば、気分転換をして、この機会をむしろ前向きに捉えて、期待と結果のギャップを解消する、つまり問題解決のきっかけにしてしまおうとするのです。[*21] 他の人々が愚痴を言っているときに、問題解決の方向性を考えている人がいれば、その人はまさしくリーダーシップの持ち主です。このように影の部分では対自己能力もかかわっているのです。

一方、マネジメントスキルとは何でしょうか。神戸大学の金井壽宏教授は、ミドルマネジャーの管理者行動を「広義の人間指向のリーダー行動」「広義のタスク指向のリーダー行動」「対外的活動」の三次元で説明しています[*22]から、これらの基礎になるものも、対人能力と対課題能力であることがわかると思います。

ただし、目標達成行動やタスク指向のリーダー行動を身につけるためには、もうひとつ「論理的思考力」も欠かせません。これも基礎力項目のひとつですが、二十代から三十代にかけて伸びる力だと考えます。

論理的思考力の有無が端的に表れるのは、図表にまとめるときです。企画書を書くときに、文章ではなく、図に整理することがあると思いますが、それがうまく・わかりやすく・本質的に描ける人は論理的思考力が高い人だと思って間違いないでしょう。私も研究所のメンバーに図式化することをよく求めますが、それを見れば頭の中でどのように構造化して理解しているかが一目でわかるのです。

論理的思考力は繰り返しのトレーニングによって身につけるしかありませんが、私の場合は次のようなフレームを使っています（図表8）。

①要素
②プロセス
③軸

図表8　論理的思考のフレーム

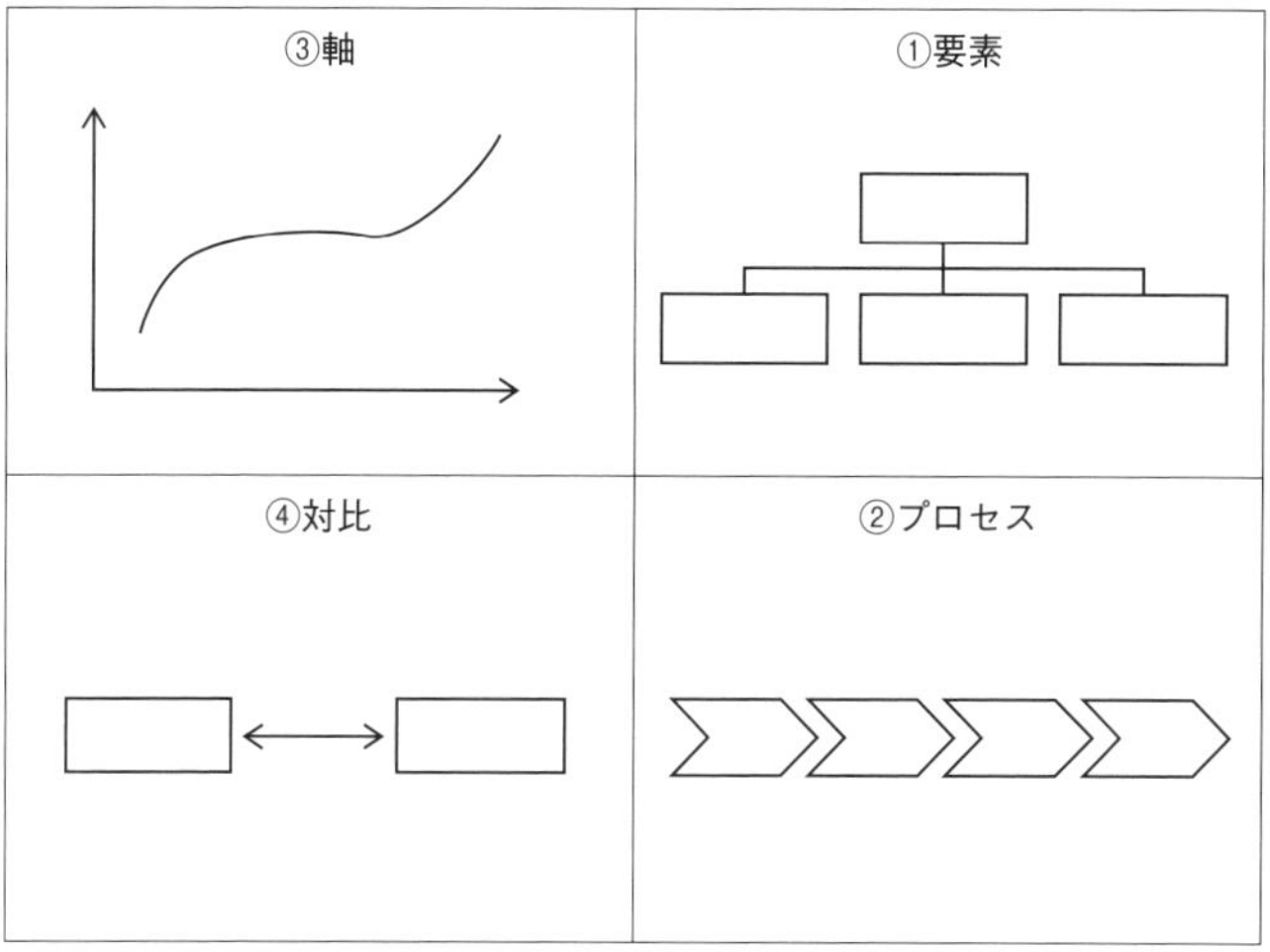

④対比

要素とは、物事をいくつかの要素に分解して考える方法です。この方法は構造を見ることに適しています。ポイントは分解した要素がそれぞれ重ならずに独立していることです。要素の切り方に論理的思考力が表れます。

プロセスとは、手順や因果に分解して考える方法です。手順とは時間的プロセスや物事の進捗段階に分けるということです。仕事の進め方をプロセスに分解して、どこに課題があるかを見極めるなどの進め方をします。もうひとつは原因と結果を示すことです。AならばB、BならばCというように推論して、物事の因果関係を見るのです。事実の積み上げでつくれば「演繹法」、多くの事象から一般化すれば「帰納法」となりますが、どちらもこのようなプロセス図で示すことが可能です。

軸は、要素ごとの関係性を見るもので、よく二つの軸で四つの象限に分けて類型化するときに用いますよね。独立した軸の設定が適切であれば、とても多くの事実を発見することができるものです。また分布状況から分析するときにも有効です。推定式をつくるまで一般化できれば（それには数学の知識が必要ですが）かなり有用な分析が可能です。

対比は、項目を決めて比較し、相違点を明らかにする方法です。A案、B案の比較をするという場合はもちろん、過去・現在・未来の比較や、国際比較など、さまざまな場面に登場します。

これらのフレームを使いこなすことに慣れていて、すぐに図式化できるようになると格段に論理的思考力が向上します。また、本を読んでいても、論理的思考のフレームが頭の中にあると、そのフレームにあてはめる形で読めるようになります。

さて、このようにしてリーダーシップの基礎を身につけたら、あとは場数を踏むことです。PとMという軸は変わりませんが、状況に応じてそのリーダーシップのスタイルは変わる必要があります。チームの構成員が新人ばかりのときは各論まで指示を出しながら目標を追いかけていくことが有効ですし、ベテランばかりであれば信用して委任することをベースに目標を追いかけていくことがいいでしょう。[*23] そのような状況に応じたリーダーシップは、多様な経験からしか身につかないものです。同じようなチームでばかり仕事をしていると、いつも同じパターンのリーダーシップになってしまいます。これでは「勝ち方をひとつしか知らない」ことになり、ある状況では成功しても、それが変われば大失敗してしまうことになるのです。

もっとも、失敗そのものは悪いことではありません。リーダーシップは経験が大事といいましたが、失敗経験こそ成長につながるからです。ただし、あまり上位の職責になってからの失敗はダメージが大きく、取り返しがつかないことになります。なるべく若いとき、筏下りのうちに経験しておくことが望ましいでしょう。

リーダーシップが磨かれる経験を「一皮むける経験」[*24]と呼びます。

アメリカのリーダーシップ研究所であるＣＣＬ（Center for Creative Leadership）がリーダーの人々に対して、リーダーシップが磨かれたと思う経験をあげてもらい、それを分析したところ、修羅場の経験と、視界の変化に類する経験が多く出てきました。たとえば海外勤務や地方勤務、ラインからスタッフへの異動（またはその反対）などによる視界の変化や、難しい仕事での失敗、部下との確執などの修羅場経験がリーダーシップを鍛えるよい機会になっているというのです。

ものは考えようです。楽しい仕事は自分を幸福にしてくれるし、嫌な仕事は自分を成長させてくれるのです。

第9章 転職という道、独立という道

キャリア形成には、必ずしもひとつの会社で働き続けるという道だけではなく、転職したり、独立をしたりという道もあります。これらの手段は、やり方を間違えなければ極めて有効ですが、同時に使い方によってはリスクが高いとも言えます。

まず、年齢と転職のリスクの関係について考えてみましょう。

すでに紹介したとおり、ひとり立ちする前の転職はお勧めできません。その後は経験者採用の市場になるので、経験を評価してもらうことができれば、仕事も収入もより満足できる会社に変わることは可能です。しかしそれも三十代までのこと。四十代になると求人そのものが大幅に減少してしまいます。*25 市場に出回っている求人のうち、四分の三は三十代までの採用を念頭に置いた求人です（年齢差別は禁止されていますが、実際に採用したいのは三十代までの人という意味です）。

これは管理職昇進と密接な関係があるためで、今会社にいる管理職との年齢が逆転しないように配慮するため、非管理職として新規採用するのは、どうしても若手ということになるのです。そういう意味で、現在の会社ではないところでキャリアの展望を見出したいのなら、若いうちに実行するべきでしょう。

逆に四十歳以降の求人では基本的に管理職の募集になりますから、それまでに管理職として部下を率いて業績を上げてきた人、もしくは新規事業開発などで創造的・変革的な仕事をリードしてきた人が対象になります。

四十代になると、そのほかにも転職を阻害する要因が増えてきます。ちなみに四十代男性が転職の阻害要因としてあげているのは多い順に以下の通りです[*26]（複数回答）。

①募集求人の年齢制限を超えていることが多い
②年功序列で上がってきた給与が下がってしまう
③退職金の額が下がってしまう
④子供の教育費の工面ができなくなる
⑤仕事の経験、経歴が世間一般では通用しにくい
⑥適当な転職先を探す手段が思いつかない
⑦金融機関に住宅ローンなどの返済ができなくなる

⑧家族の理解が得られない
⑨転職すると今までの人間関係が無になってしまう
⑩企業年金の継続が出来なくなりこれまでの分が無駄になる

これらを見てわかると思いますが、日本社会ではある程度の年齢になってから転職をすると経済的に損をするという傾向があるのです。年功序列は崩れつつありますが、それでも同じ会社で勤務を続けてきた蓄積（人脈やその企業ならではの知識・技能など）が失われてしまうことは所得減につながるということでしょう。

転職と所得の関係を見ると、正社員から正社員への転職であれば、三十代までは概ね所得増になっているようです。図表9をご覧ください。

たとえば、三十五〜三十九歳の正社員の場合、転職前年収が三八六万で、転職一年後が三九三万、二年後が四二二万となっています。初年度は賞与などで一旦収入が減ることがありますので、二年後でしっかりとプラスになっていればよいと考えるべきでしょう。しかし、あくまでも平均の話であって、四二％の人は収入減となっている事実も見ておかなければなりません。また四十代では平均でほぼ変わらず、五十代では明らかに下がるようです。五十代になってからの転職は、リストラなどによるやむを得ないものか、もしくは

図表9　年収の増減状況と転職前後の年収（就業形態別／正社員・年齢別）

	2006年 全体	正社員・正職員	18～24歳	25～29歳	30～34歳	35～39歳	40～49歳	50～59歳	契約社員・嘱託	フリーター	パートタイマー	派遣
年収の増減状況（転職前と転職後1年目比較）												
－40%以上	22.2	6.8	2.2	4.2	7.2	3.9	9.6	16.7	16.7	20.0	44.4	18.9
－20%～－40%未満	10.5	11.6	4.4	9.1	13.4	5.2	13.2	27.8	15.2	8.8	8.2	9.5
0%～－20%未満	14.4	18.0	13.3	18.2	15.5	25.0	19.3	14.9	15.2	12.8	10.4	11.3
0%	11.8	12.2	17.8	14.0	11.3	13.2	8.4	9.3	15.2	13.6	10.1	15.1
0%～＋20%未満	13.8	19.0	22.2	21.0	21.6	22.3	13.2	11.2	15.2	9.6	8.7	11.3
＋20%～＋40%未満	10.8	14.8	17.8	18.2	15.4	11.8	13.2	9.3	6.0	9.6	6.8	13.2
＋40%以上	16.4	17.2	22.2	15.4	15.4	18.4	22.8	11.1	16.7	25.6	11.4	20.7
転職前年収（万円）												
平均	276.8	352.2	221.7	288.1	329.5	386.6	422.2	515.5	297.4	206.4	200.9	227.0
転職後年収（万円）												
転職1年後年収平均	240.2	352.5	247.4	302.1	337.3	393.0	424.9	432.2	267.8	184.8	107.2	216.6
《参考》転職2年後年収平均※	263.4	390.4	258.7	317.1	407.0	422.2	474.1	458.6	298.0	205.7	116.1	235.6
転職1年後年収マイナス転職前年収（万円）												
増減	-36.7	0.3	25.8	14.0	7.8	6.4	2.8	-83.3	-29.6	-21.6	-93.8	-10.4

〈直近2年以内転職経験者＆転職前後年収記入あり＆0円を除く　n=1125〉
※転職2年後年収はn=872で転職前と転職1年後の年収とはベースが異なる
出所：リクルートワークス研究所「ワーキングパーソン調査2006」

六十歳以降の人生を睨んで長期に働ける場を求めた転職になります。

さて、転職という方法を用いるときに注意すべきことがいくつかあります。

ひとつは、転職はあくまでも最後の切り札でなければならないということです。人事異動で解決できるならば、それを優先したほうがいいでしょう。

たとえば、筏下りの結果、登るべき山が見えて、そのために転職するということや、高い評価を得てヘッドハンティングによってやりたい仕事に就ける場合などは積極的に転職という手段を使うとよいでしょうが、実際は現状の処遇や人間関係や仕事内容に関する不満が転職理由になっていることが多いのです。転職によって不満が解消される保証はどこにもありませんし、隣の芝生は青く見えるものですから、転職してみると明らかに失敗で、その後職場を転々とする結果になりかねません。転職経験のない人とある人を比較した年収平均では、二十代のうちは転職経験がある人のほうが平均年収が高いのですが、それでも三回以上の転職になると有意な差はなくなります。三十代以上では転職経験者の平均はない人よりも低く、さらに転職経験回数が増えれば増えるほど収入がマイナスになります。

第二の大事なポイントは、転職先が決まってから今の会社を辞めるということです。

転職者に調査すると、離職前に転職先が決まっていたという人はわずか二〇%しかいません。ほぼ同時が八%。それ以外は離職後に転職先を決めています。

確かに勤務中は次の転職先を探す活動に集中できないとか、一度辞めようと思った会社にはもういたくないという気持ちもわかります。それでも、決める前に辞めると、長期失業者になってしまう危険が大きいのです、ミドルになって早期退職優遇制度に応募する場合などが特にそうです。そうでなくても、離職してしまっていると、早く決まらないとあせりが生まれ、妥協してしまいやすくなります。それでは何のために転職するのかわかりません。

もうひとつの大事なポイントは女性に対するものですが、長く働き続けるつもりがあるならば、出産時には辞めないということです。

産前産後休暇、育児休業、育児時間などを組み合わせて継続できる見通しであれば、一旦辞めて、落ち着いてから復職活動をしようとは思わないほうがいいでしょう。調査によると、出産前正社員で、出産時に一度退職した人の場合、正社員として復職できる人は約二〇%に過ぎません。雇用形態が異なれば、仕事内容が異なります。正社員がやるような職務を担当したいと考えるのならば継続こそ吉です。

一方、独立・開業についてはどうでしょうか?

正社員で勤務している人のうち二六・四%(男性三〇・九%、女性一五・〇%)は独立・開業の意向を持っています。年齢による変化はさほど大きくなくて、十八~二十四歳でも二二・八%に独立意向があります。

若いときに自営を経験してみるということはとてもよいことだと思います。経営を失敗する可能性もあるのですが、家庭を構える前であればリスクがあってもチャレンジしやすいですし、もしも失敗に終って会社をつぶすことがあっても、「自分自身の成長」という大きな財産が残ります。

独立・開業の方法を見てみると、多い順に以下のようになっています(複数回答)。

①店を開く(法人化しない) 四七・二%
②会社を設立する 三七・八%
③友人や仲間と共同して事業を行なう 一七・四%
④フリーランス 一〇・三%
⑤フランチャイズや販売店・代理店に加盟する 四・七%
⑥非営利団体を設立する 二・四%

店を開きたいとするのは若い世代に多く、また会社を設立するというのは三十代で特徴的に多くなっています。フリーランスは、多少収入が低くても自分が得意なことを自由にやりたいという高齢者に多いようです。

ところで会社を設立するというのは、かなり先行きが見えないなかで頑張れる人かどうかということが成功のキーポイントになるようです。起業家と一般のビジネスマンを比較すると、[*27]起業家は、「原因を自分自身の行動に帰する傾向が強く、同時に周囲を自分自身がコントロールできるし、またそうするべきと考える傾向が強い」ことがわかっています。つまり自責性が強いということで、他者や環境のせいにはしないということです。さらに、「不確かな状況に対する耐性のレベルが高い」ことも証明されています。つまり、計画よりも行動を重視し、変化を志向し、先が見えてしまうことを好まないということです。これと自分自身とを比べてみると、起業家の適性があるかないか判断するひとつの材料になるのではないでしょうか。

将来の独立・開業に備えて副業で準備をするという方法もあります。副業を持っている人（六・一％）＋現在は副業を持ってはいないが今後は持ちたいと考えている人（一四・七％）の合計二〇・八％のうち、その理由を「将来の独立・開業の準備のため」としている人は一二・六％います。特に三十代の副業にはこの準備目的が多くなります。

このように勤務しながら、副業という形で独立の準備をしておけば、スタートよく仕事が始められますし、もしもうまくいかなかったら独立を止めて現在の勤務を続ければよいのですから、かなりリスクが軽減できます。

ベンチャー企業の九〇％以上が十年持たずに消えてしまうといわれますから、念には念を入れて準備をすること。そして、その上ですべての責任を背負って始めること。

それが独立の道なのです。すべての人に適性があるわけではありませんから、自分自身の志向や性格をよく見つめて決断することが大切でしょう。

PART 3
「山登り」の技法

第10章

すべての人はプロフェッショナルを目指す

第10章から第14章では、山登りのときのキャリアデザインについて考えてみたいと思います。

山登りのプロセス――それは「プロフェッショナル」への道と言い換えてもいいでしょう。プロという言葉は新しい言葉ではありませんが、ここ数年改めて注目されるようになりました。書店には「プロ」という言葉を冠した書籍が並んでいます。「仕事をする以上、プロでありたい」と願う人は少なくないはずです。

プロフェッショナルという言葉は十六世紀頃から「職業」を意味するものとして使われ始めました。当時は、主に大学教育を受けた特権階級が従事する神学・法律・医学などの職業を指し、たとえばパリ大学で神学の勉強をして宗教家になるとか、サレルノ大学で医学を勉強して医者になるとか、ボローニャ大学で法学を勉強して法律家になるといった人こそが「プロ」だったのです。

このようなプロを「ステイタス・プロフェッショナル」と呼びます。

ステイタス・プロフェッショナルに共通する要件は、まず職業における法的な独占権を持っているということ。つまりそれ以外の人はその仕事に従事することを許されないということです。そして、専門の職業団体を組織すること。組織に加盟することで公式に認められるわけです。さらに、公的な知識を持つこと。広く通用するその職業独自の知識というものが構成されています。

一方、東洋にもプロフェッショナルに相当する概念がありました。「玄人」という言葉です。

玄人とは、一般に「熟達者」を意味するもので、玄という字が「奥深く容易でない」という意味を表すので、「暗いところが見える人」という意味合いを持っています。[*28]

中国では徳の高い高僧だけが黒衣をまとっていて「玄人」と呼んで崇めたことが語源だという説もあるようです。

反対は「素人（白人）」です。平安時代に、舞台にあがって楽器を弾いたり歌を歌ったりする人の脇で、ただ顔を白く塗っていただけの無芸の人を「しろひと」と呼んだことに起因しているとの説があります。

「プロ」というと、その反対語として「アマ（チュア）」を思い浮かべる人がいるでしょうが、この対比はプロの概念を、単に職業としてその収入で生活を支えているという意味にしてしまうので、プロの意味がゆがんでしまいます。単にその仕事で生計を立てているならば、生業と呼ぶべきでしょう。

ビジネスの世界でプロという言葉が使われるようになったのはかなり最近のことです。特に企業組織に雇用されている人に「プロ」としての姿を求めるようになったのは、ほんの三十~四十年のことではないでしょうか。

中世の「ステイタス・プロフェッショナル」と区別して、これを「ビジネス・プロフェッショナル」または「企業内プロフェッショナル」と呼びます。

現代のプロにも、公式の知識と、他の人には見えないことが見える熟達さが求められますが、必ずしも独占的な権利を持つということではないようです。

このようにプロの歴史を書いてしまうと、ずいぶんプロという存在を遠く感じてしまうかもしれませんが、そんなことはありません。むしろ、現代では、働くすべての人がプロになることを求められていると言っても過言ではないでしょう。そして、自分自身をプロであると自認している人は働いている人のうち二割強存在しています。[*29]

実は、プロという言葉は、日本ではかなり不幸な歴史をたどってきました。誤解の歴史と言ってもいいと思います。

一番代表的な誤解は、スペシャリストとプロフェッショナルの混同です。スペシャリストはいわば「専任職」。もっぱらその仕事を担当するのですが、業務そのものはある程度定型化されていて、目標はよりミスなく速く行なうことです。それに対してプロは「専門職」。プロの数だけ仕事のスタイルがあるというくらい、深みとバラエティがあります。一人前になるには長い時間がかかり、どこまで行っても上には上がある仕事です。

業務の細分化によって専門化したものが「スペシャリスト（専任職）」、業務の個別化によって専門化したものが「プロフェッショナル（専門職）」ということです。

プロと聞いてスペシャリストをイメージしてしまうと、かなり窮屈な印象を持つでしょう。実際はそうではないのです。

そして、専門職という言葉も日本では少々安っぽく使われてきました。一九八〇年代に一部の企業で専門職制度が導入されましたが、これは当時のポスト不足を受けて生まれたもので、管理職に昇進させられない人のモチベーション維持策としての色合いが強いものでした。悪く言えばただ「マネジメントができない人」ということ。専門職制度自体はその後廃止した企業が多いようですが、いまでも「マネジメントはできない（できなくてもいい？）」というイメージや誤解がつきまとっています。実際には、プロフェッショナルには「専門性」と「リーダーシップ」の両方が必要ですので、けっしてマネジメントができなくてよいわけではありません。部下を持つか持たないかというのもまったく別の問題で、優れたプロは多くの部下を持ち、その仕事ぶりを見せながら後輩を育成してゆくのが普通です。

この誤解は、ゼネラリストという言葉の誤解につながっています。スペシャリストよりもゼネラリストのほうが出世するという認識からでしょうか、ゼネラリストを高く見る傾向があります。たいていこの場合のゼネラリストは「薄く広くさまざまな分野を経験してきた人」というようなイメージですが、悪く言えば「何の専門性もない人」です。本当のゼネラリストとは、第6章で述べたように、ある専門性を持ちながらも、さらに広範な分野に造詣を持つ人であり、プロフェッショナルの先にあるべきものなのです。

プロフェッショナルを専門職と訳すことで、もうひとつの誤解が生まれています。それは専門職＝技術者とか国家資格を持った業務独占的な職業（たとえば弁護士や会計士）であるという誤解です。もちろんそれらの人もプロなのですが、プロの範囲は極めて広いのです。

実は、経営者もプロ（ビジネスリーダー型プロフェッショナル）です。いや、経営者こそプロでなければやっていけません。企業は厳しい競争にさらされているわけですから、財務や営業、そして人材マネジメントに関する豊富な知識や経験がなければいけませんし、経営者としての覚悟、倫理観といったものも求められます。企業のなかで経営者になってゆくということは、単に昇進のゴールということではなく、「経営職」という専門家の道を選んだプロとしての取り組みでなければならないのです。

また、プロジェクトリーダーや事業の変革・創造を担う人（プロデューサー型プロフェッショナル）もプロです。ひとつの専門性だけでなく、複数の専門性を持ち、プロを使うことができるプロといえるでしょう。

加えて従来のプロのイメージである、特定分野の技術や知識を担う人（エキスパート型プロフェッショナル）がいるのです。

いまプロフェッショナルという言葉が再度注目を浴びているのは、「経営のプロ」が求められていることも理由のひとつといえます。日本では圧倒的にプロの経営者が不足しているといえます。ファミリー企業では経営者は親族内の事業承継によって決まりますし、

図表10　3つのプロコース

類型	ミッション	代表的な職業
①ビジネスリーダー型	経営を担う	・取締役、執行役員 ・事業部長 ・経営企画
②プロデューサー型	変革・創造を担う	・新規事業開発 ・プロジェクトリーダー ・クリエイティブ職や営業職の一部
③エキスパート型	特定技術を担う	・顧客接点系（営業・販売・サービス） ・課題解決型（営業・技術） ・研究開発技術者 ・金融系専門職 ・法務系専門職 ・高度技能職 ・コンサルタント、カウンセラー

企業規模の大きな場合でも、たいていは内部昇進で経営者がつくられます。そのため、経営のプロフェッショナルという概念があまり育ってこなかったのです。

しかし、事業再生・産業再生などが重要な政策となるにつれて、また所有と経営の分離が進むにつれて、プロの経営者を求める声は日に日に高まっています。この傾向が、従来偏っていたプロのイメージを大きく広げることになったのではないかと思うのです（図表10）。

もうひとつ、プロが注目される理由は、企業の不祥事や事故が相次いだからでしょう。本当のプロを育てていない企業は、大事故を未然に防ぐことができないものです。大きな事故の影には、必ず「ひやり」とすることや「ハッ」とすることがあります。

その段階で、プロには見えないところが見えますから、大事故に至らないように対策を取るのです。不祥事についても同様です（詳細は第13章）。

最近では新入社員を迎える入社式で、全員がプロになることを求める企業が増えてきたようです。とても本質的でいいことだと私は考えています。

第4章で、筏下りから山登りへというお話をしたように、キャリアのどこかで山を登ってこそ納得できる職業人生になると思います。いつ登り始めるかは個人差があって構いませんし、もう間に合わないということもありません。

そしてひとつの山を極めたプロであれば、長い人生ですから、第二の山登りに挑戦してもいいのです。プロになることは、職業寿命を伸ばし、高齢期にも充実した職業生活を送ることにもつながっているのです。

第11章

プロになる過程――守・破・離

それでは「プロ」という山はどのようにして登っていけばいいのでしょうか？　日本古来の熟達の概念に「守・破・離」というものがあります。もともと武道の世界で生まれ、茶道で発展した考え方ですが、「わび茶」を大成した千利休の茶道の修行観を後世になって江戸後期の茶人・川上不白が『不白筆記』（一七九四年）にまとめたものです。このなかで次のように記しています。

「守ハマモル、破はヤブル、離ハはなるゝと申候。弟子ニ教ルハ此守と申所計也。弟子守ヲ習尽し能成候へハ、自然と自身よりヤブル。是ハまへに云己か物ニ成リたるか故也。上手之段也。扨守ニテモ片輪、破ニテモ片輪、此上ニツヲ離レテめい人の位也。前の二ツヲ合して離れてしかも二ツヲ守ル事也」

つまりまず「守」という段階があり、これは師匠から「型」を習う段階です。その段階を過ぎると自然に「破」の段階に進み、身につけた「型」を自分からあえて破る、つまり独自のやり方を付け足してゆくという段階に入ります。さらに次に、習ったことや新たに生み出したことからも自由になって名人と呼ばれる領域に達すれば、独自のやり方を進みつつもこれまでの伝統を守ることになるということです。

たとえば、将棋の世界は、この守・破・離をなぞらえて考えやすいでしょう。最初に弟子入りして奨励会に入ります。ここで三段まで過ごしますが、その先の四段になってはじめて「プロ棋士」になるのです。ここまでが「守」ですね。これまでの将棋の手筋・戦法などをすべて習得し、「型」を身につけます。技術的には奨励会の三段でほぼ完成されているということになります。プロとしてスタートを切ってからはタイトルを目指してしのぎを削るわけですが、同時に自分なりの戦法や手筋を編み出してこそ人気も出るし、対戦でも勝てるということになります。よく戦法に棋士の名前がついているもの[*31]がありますが、これが「破」の段階に達していることを示しています。将棋の歴史に新しい何かを書き込んだわけです。もちろん究極は名人になることです。名人は将棋界の伝統と将来を担っています。「名人に定跡なし」という言葉がありますが、名人の差し手に対しては、それが定跡からはずれていようとも、誰も批判をしないわけです。それは「離」の境地に立って、将棋の新しい段階を創造しているからです。

実は、茶道から始まった「守・破・離」という概念は、その後「〇〇道」と名のつくあらゆる分野に影響を与え採用されてゆくのです。

仕事のなかでプロになってゆく。そのためにはまず基礎を徹底的に習得しなければなりません。「型」を身につける段階をおろそかにすると高次のプロにはなれずに成長が止まってしまいます。

「形無し」という言葉がありますよね。文字通り「型」ができていないということで、はじめから自己流でやっていては誰も評価しないし、将来が期待できないということです。反対に「型破り」という言葉があるように、「型」を身につけた後に新しいやり方に挑むことは賞賛されるのです。「型」のなかには、先人たちが生み出した英知が結集されています。これを活かさずに自分の知恵だけでやるのであれば限界があるのは当然といえます。

営業職でいえば、プロと呼ばれる状態に至るまでにさまざまなことを習得しなければなりません。商品知識や業界知識は当たり前。大切なのは顧客とどのように向き合って、どのように信頼関係を構築して、顧客に利益をもたらす提案を行ない、持続的に売り上げをあげていくのかという全体に関することが「型」の中核をなすものでしょう。マニュアルにして書くことができるのはほんの一部に過ぎません。プロの仕事には個別化される部分が多いので、スペシャリストの業務に比べると圧倒的に暗黙知[*32]のまま継承される部分が多いのです。新人営業職は、実際に顧客と向き合って経験を重ねるとともに、身近にいる先輩、上司の仕事ぶりを観察して、吸収してゆきます。

つまり、プロになる過程である「守」の段階では、師匠となる人の存在が大事だということです。伝統職人だけでなく、営業職のようなビジネス職ですら、ある種の擬似師弟関係をつくって、その技術を体系的に学ぶことが必要なのです。型を教えるということは、テキストではできません。あくまでも直接伝承するものであり、まねることで学ぶのです。

製造現場には「おやじ」と呼ばれるようなリーダーがいて、家族的な関係で同じ釜の飯を食うなかで自然に技能を伝承していました。最近はそのような職場での人間関係が希薄になったため、プロが育ちにくくなってきました。本当にプロになりたいならば、「師を求めよ」ということです。人事異動してでも、自分が師事できる人を探すことはプロの道を歩むには欠かせないことです。

このようにして「型」を習得して「プロ」として一人前になるまでには、おおよそ十年程度の年月が必要です。

フロリダ州立大学教授のエリクソン（A. Eriksson）は、十年ルールを提唱しています。国際レベルのパフォーマンスに到達するためには、最初の十年間の活動が極めて重要であるとしているのです。

十年ルールは、もともとはチェス、音楽、スポーツなどの領域でなされた研究が根拠になっていますが、そのほかの領域にも「プロ」という概念があてはまるものであれば、同じように「型」に十年という時間感覚があてはまると思います。

先ほど例示した将棋も満二十六歳の誕生日までに四段に昇格できないと奨励会を退会させられますが、中学生くらいで奨励会入りする人が多いことを考えると概ね十年というルールがあてはまりますし、落語家は入門してから十年程度を目安として真打という一人前の段階に達します。ビジネスの世界にもあてはまり、神戸大学大学院の松尾睦教授は、営業職にもこの十年ルールがあてはまることを検証しています。[*33]

また、ワークス研究所の笠井恵美主任研究員は、対人サービス業でも十年ルールは該当するとしています。特に、きちんと段階を踏んで経験から学んでゆくことで、誰でも熟達者になれるとして、優れたプロになるための十四の経験を抽出しました。*34

企業内人材育成では、最初の十年間の経験をプロに至る価値あるものにしてゆくことで、「守」の段階を適切に通過できるようにします。「型」を教える、その環境を用意するのは企業の責任ですが、その後の「破」の段階に達すると成長に関してはより自律的に行なわれる必要があるでしょう。

「破」というのは、その人ならではのやり方を生み出してゆく段階ですから、もう教えるということはできません。企業ができることは、プロを信頼し、プロに機会を与え、よりよい環境を提供するだけです。プロの入口から本当のトッププロにまでなれるか否かは個人の志と行動にかかっています。

十年で「守」の段階を卒業するといいましたが、「破」の段階は何年続くのでしょうか？ これはプロとして活躍できる期間と言い換えてもいいでしょう。

ビジネスの世界では「離」という境地は目標にはなかなかなりません。企業内に一人いるかいないかというレベルであり、「離」の境地に達した人はその業界を代表する人であり、企業の枠を越えて、その領域を担っている人だからです。企業の当面の業績云々というよりは、より大きくその領域や業界の将来を見据えて、誰から指示されるわけでもなく、自らの信念に基づいて行動・発言するはずです。もちろんそのような段階に達して、その上で経営者とプロが互いに信頼し合い、尊重し合える関係を築くことができればベストですが、極めて数は少ないでしょうし、逆に「離」の境地に達した人が社内にたくさんいたら経営者は使いづらくて閉口することでしょう。

企業経営で人材育成の視野に入るのはせいぜい「破」までということです。自分なりのやり方が顧客から支持を受けるプロがたくさんいるならば、その企業は人材を通じて企業ブランド（人材ブランド）を築けるでしょう。顧客から「ぜひあの人にお願いしたい」と指名されるのですから、価値があります。

さて、プロとして活躍できる期間を示すものに、サイモントン（D. K. Simonton）の研究から導き出されたグラフがあるので紹介しておきましょう（図表11）。横軸は経験年数、縦軸は潜在的生産性を示しています。

十年という経験期間を経て、プロの入口（開始）に立ちます。これはまさしく十年ルールと同じですね。そして二十年を迎えたときにピークに達しています。その後ゆるやかに下り、四十年を経過したときに引退（終了）に至るとしています。つまりその領域での仕

図表11　20年でひとつの専門性は頂点を迎える

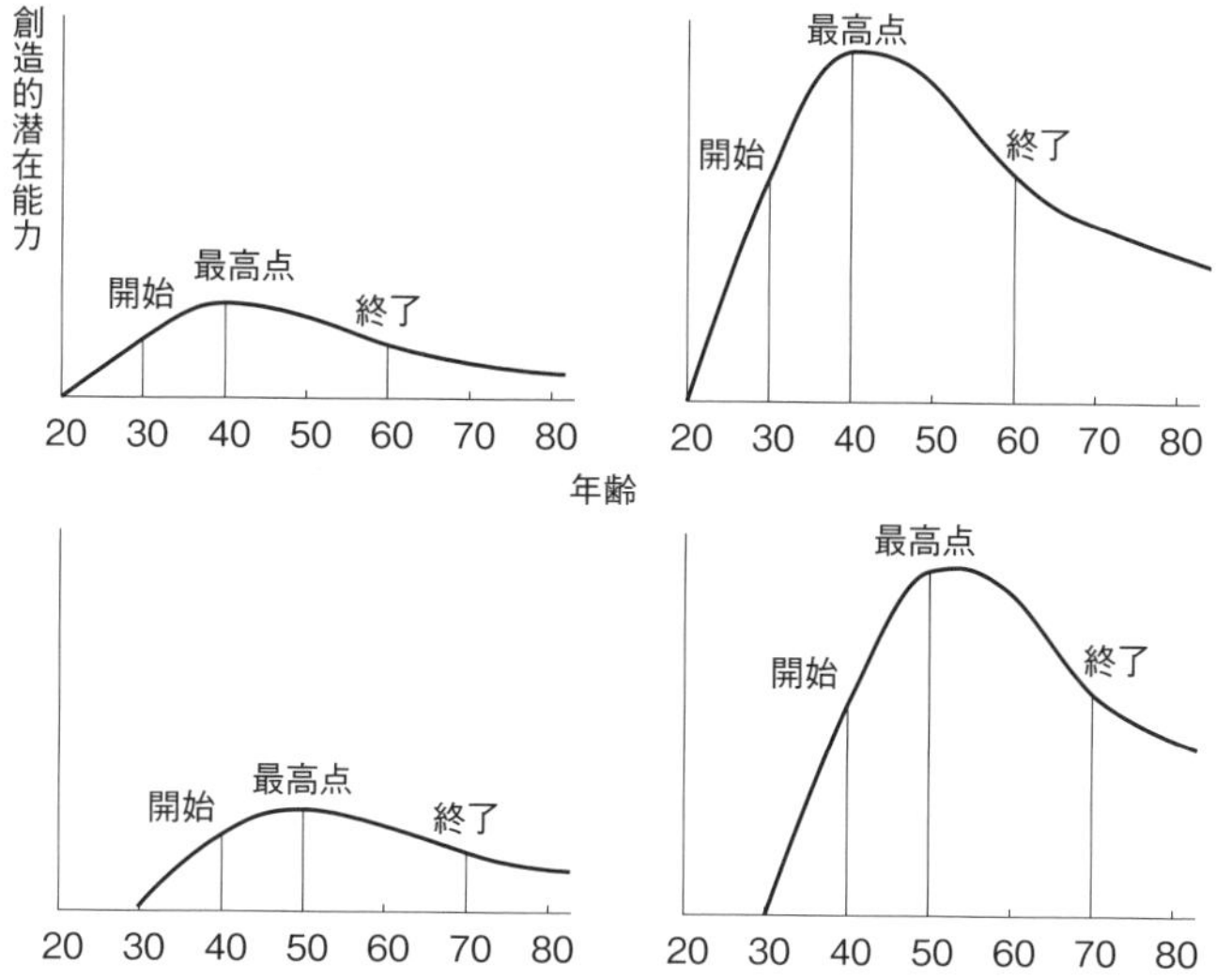

出所：Dean Keith Simonton "Career Landmarks in Science: Individual Differences and Interdisciplinary Contrasts" 1991より作成

事を始めて二十年程度たったときにプロとしてもっとも油が乗ったときを迎えるということです。

科学者が生涯最高の業績を上げるのは、確かに二十年目頃に多いといいます。ノーベル賞に輝くような業績を上げるのは、その頃に集中しているという分析結果があるのです。

ビジネスの場合、二十年というと四十代という可能性が高いのですが、仕事盛りの四十代にもっとも誇るべき業績を上げるというのは直感的にもうなずける気がします。

もちろんこれは実年齢ではなく、経験年数ですから、四十歳で経営者の道を歩み始めたら、六十歳でピークを迎えるということです。

いつから始めても二十年という積み重ねを経れば山の頂に到着できるというのは、元気が出てきますよね。遅すぎるということはないのです。もちろん十年という「守」の期間を終えるまでにその道を自分の「山」だと意思決定して、さらに頂を目指して精進しなければなりません。

あなたはプロですか？　と聞かれて「はい」と答えても、何のプロですかと聞かれて「わかりません」と言うのではやはりプロではないわけです。意思決定した山であることは当然の前提です。

サイモントンのグラフはもうひとつ、大事なことを示しています。二十年たてばピークが来るけれども、大きなピークの人も小さなピークの人もいるということです。

これは選んだ山がどれだけ適性に合っていたかということが関係しているようです。二十年の時間がかかるからといって、性急に山を選んでしまえば、小さな成果しか得られない山を選んでしまうかもしれません。きちんと筏下り経験を積んで、適切なタイミングで山登りに移行することが重要であり、早ければいいということではないのです。

一生やりたいと思える仕事を決めている人は、正社員（男女）の場合、年齢別に以下のような割合になっています。[*35]

・二十五―二十九歳　四一・〇％
・三十　―三十四歳　四五・三％
・三十五―三十九歳　四八・一％
・四十　―四十九歳　五二・八％
・五十　―五十九歳　六四・四％

四十歳頃にやっと二人に一人が「この道でやっていこう」と決断しているということでしょう。これは十年間の「守」の時間を過ぎて、スキルの面ではもう十分プロとしてやっていけるにもかかわらず、それでいくという決断ができないためにプロの入口で立ち止まってしまっている人が相当いるということでしょう。

しかし決断しないままでは山の頂に立つこともできません。若いときの優柔不断はむしろいい結果をもたらしますが、ある程度の年齢になったら「腹をくくる」ことも大事です。

第12章 手がかり学習への転換

山登りのときと筏下りのときとでは、学習の仕方も変化します。

簡単に言うならば、「吸収する」学習から、「考える」学習へ変わるということです。

筏下りのときは、守・破・離の守の段階ですから、学習の中心は、先人たちが築き上げた膨大な知識や技術を学び取ることです。それは活字化されたものであれ、また直接に先輩や上司から学ぶものであれ、いかにうまくトレースするかということになります。

つまり「まねる」ということです。

俳優・画家・芸人として多彩な才能を発揮する片岡鶴太郎さんに以前お話を伺う機会があって、そのときたいへん印象に残ったのですが、彼は素晴らしいスピードで守の段階を駆け抜けてしまう「学習の天才」です。その秘訣をお聞きしたのですが、それがものまねの才能によっているというのです。

芸としてのものまねは天賦の才能で、一度聞くとすぐものまねができてしまうタイプだそうで、その才能を学習力に転化しているため、スピードが速いそうなのです。

俳優はその人になりきるという一種のものまねですし、ボクシングは（プロテストに合格しているのですが）具志堅用高さんなどの好きなボクサーの型をまねることで学習したそうです。絵画では（すでに多くの作品集を出し個人美術館もお持ちですが）中川一政や棟方志功などになりきって、時間を忘れて描き続けると言います。私は彼の学習スタイルは「憑依学習法」とでも呼ぶべきものではないかと思いました。[*36]

そのくらいまねる力があれば、学習の生産性は格段に上がります。

しかし、これは守の段階の学習法の話であり、破の段階になったら、今度は写すものがありませんから、自分自身でオリジナルをひねり出さなければならないのです。必然的に学習行動も、単純に吸収するというのではなく、考える、応用する、というものに変わります。

たとえば、読書をするにしても、筏下りのときと山登りのときとでは明らかに違います。

筏下りのときは、入門書や概論書などのいわゆる教科書的な本をじっくり読み込んで、時には線を引きながら、もれなく吸収しようとするでしょう。同じ本を二度三度と繰り返し読むこともあると思います。

しかし、山登りではけっしてこのような本の読み方はしません。まず基礎的な内容はすでに理解していますから、本を読むにしても、追加して知っておくべき知識だけを選んで読みます。それまでの経験で「この人の書いたものは読む必要はない」とか「この人の書いたものは新しい部分だけ目を通しておこう」ということが判断できるようになっています。しかもその読み方も、ただ鵜呑みにするのではなくて、「本当にそうなのかな？」「別の見方もあるのでは？」などと考えながら批判的に読むでしょう。

いい本に出会うと、何度となく読んでいる途中で本を閉じて、しばらく思考にふけるはずです。それは考えることのきっかけをその本がつくってくれているということで、あくまでも主眼は自分自身が考えることなのです。

ミドル世代の読書についての研究で興味深い事実が明らかになっています。[*37]ミドルは学習行動で大きく三つに分けられて、それは「学習しない人」「内容そのものの習得を目指す人」「手がかりを得るための学習をしている人」です。手がかりを得るための学習をしている人は、内容そのものの習得を目指す学習をした上で、さらに考える手がかりを求めて専門書や教養書などを読んでいるというのです。このような学習段階に至っている人はキャリアの将来展望をより明確に持っているケースが多いといいます。

「山」が明確になっているということもそのひとつでしょう。もうひとつ面白いことがわかっていて、「新人時代が楽だった」と思っている人は、「新人時代は厳しかった」と思っている人に比べて、ミドルになって学習しない人になっている傾向があるというのです。筏下りが激流でないと、それはミドルの学習行動にまでよくない影響があるということかもしれません。

プロの入口に立っても、なかなか芽が出ないということになるでしょう。「吸収する学習」から「考える学習」へ。このような学習方法の転換がうまくできないと

プロになると、学習は絶対条件になります。

たとえば研究者の場合、学会などで発表された新しい研究成果をチェックしておかなければ仕事になりません。偶然似たような研究テーマを設定したらそのような研究はもう十分行なわれていたというのでは研究者失格です。

クリエイターでも、知らずに著名なクリエイターの作品の類似品をつくってしまったら笑われるのは自分ですから、新しい情報はチェックしておかないわけにはいきません。

新聞に載っている専門分野のニュースを理解していなければ、プロとしてやっていくことは無理でしょう。

それほど日々の学習が不可欠なのです。

逆に言えば、筏下りのうちに継続学習の習慣を身につけておかなければならないということです。

社会人を対象にした、勤務時間外に行なっている学習習慣についての調査[*38]によると、それぞれ「よく取り組んでいる」「取り組んでいる」を足した比率は

・テレビ・ラジオの講座を視聴する　一四・八％
・詳しい人に話を聞きに行く　三二・五％
・参加型の勉強会や交流会に行く　一八・三％
・講演会やセミナーを聴講する　一八・八％

となっています。

また読書について、「よく読む」「読む」と回答した人の比率は

・ノウハウ書　二五・七％
・専門書　四三・七％
・ビジネス書　一七・〇％
・教養書　一八・五％

図表12 読書する人の比率（役職別・ジャンル別）

・ノウハウ書（営業術、話術、自己啓発書など）

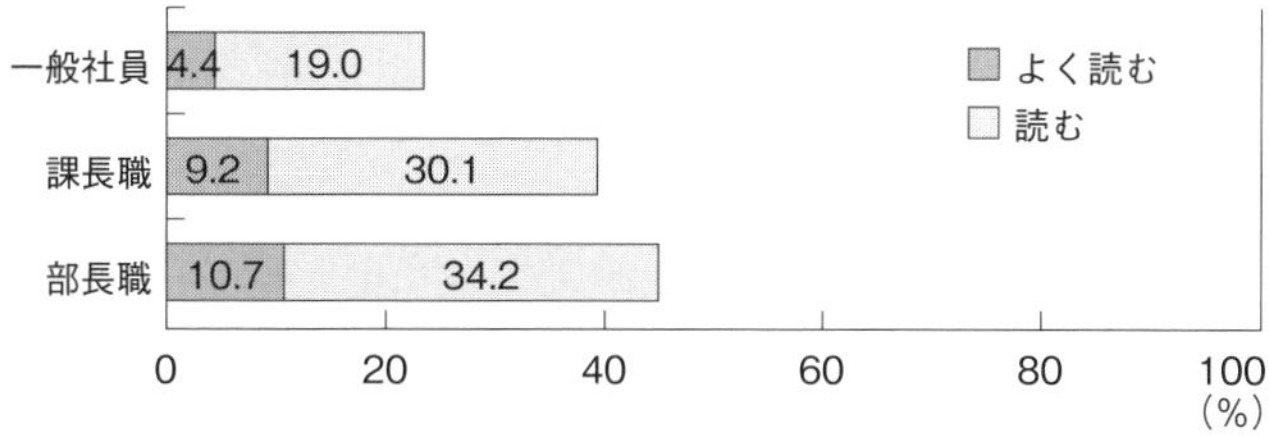

・専門書（自分の仕事に直結する領域のもの）

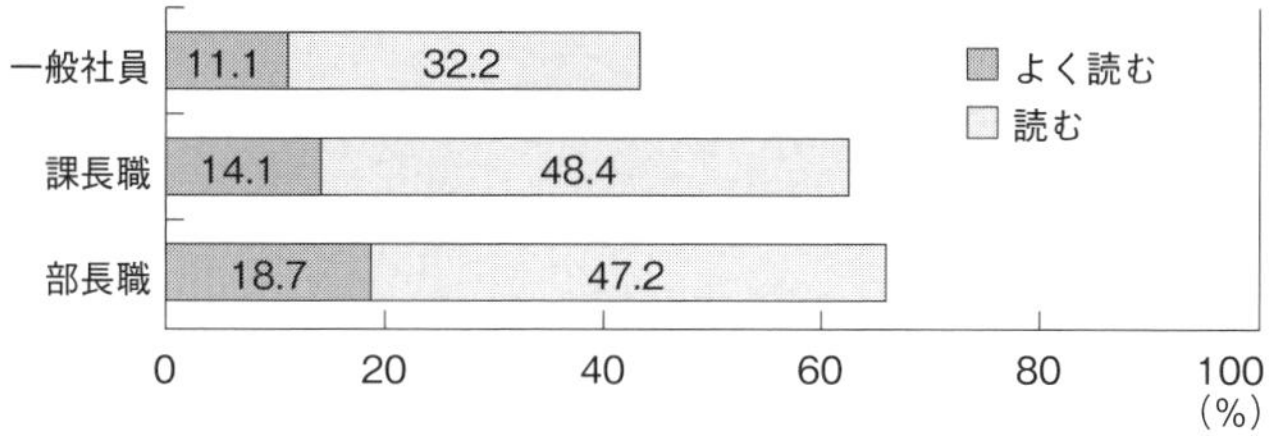

・ビジネス書（社会経済領域全般）

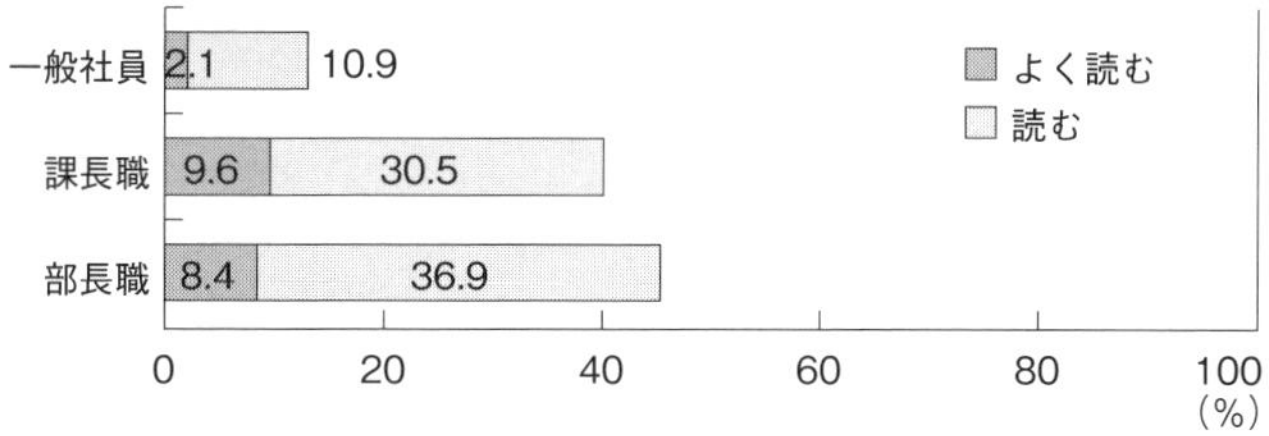

・教養書（歴史書、学術書など）

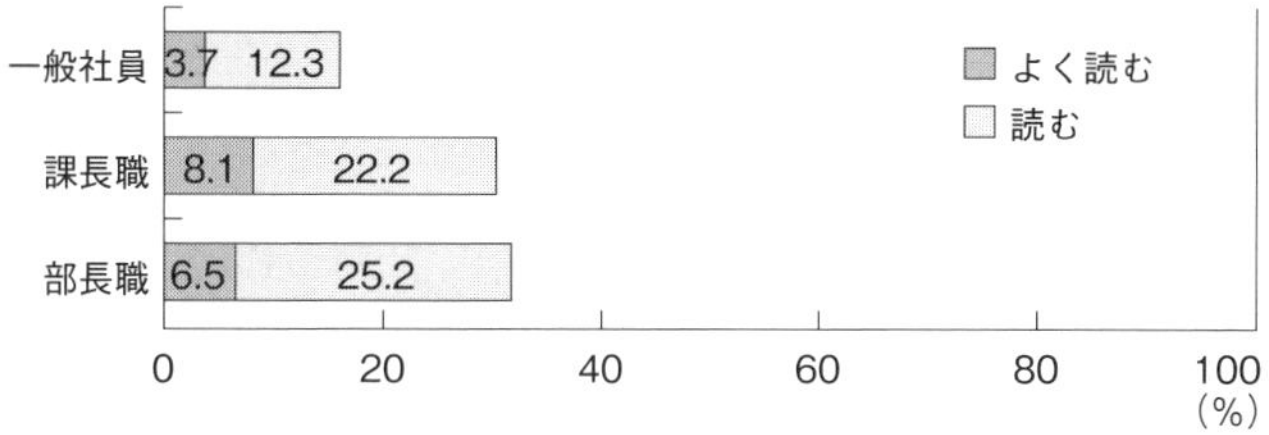

出所：リクルートワークス研究所「ワーキングパーソン調査 2008」

・語学書　一六・五％

となっています（図表12）。

実はこのようなデータをさらに分析していくと、結局学習習慣が身についている人は多彩な学習に取り組んでいて、そうでない人はどれもやらないという傾向があることがわかります。

学習習慣がない人も、学習の必要性は認識しているのですが、「時間がない」などの理由でできていないのです。ただし、この時間がないという理由は「本当の」理由ではなく、実は何をどう学んでいいかわからないということなのでしょう。その証拠に、学習習慣がある人とない人の労働時間を比較してみると、学習習慣がある人のほうがむしろ労働時間が長いくらいなのです。時間はあるものではなく、つくるもの、なのでしょう。

日常のなかで考える習慣を持つためには、自らの思考スタイルを確立することが有効です。たとえば、ドラッカー（P. F. Drucker）は著書『経営論』（ダイヤモンド社）のなかで、思考スタイルを「聞く・読む」タイプ、「書く」タイプ、「話す」タイプに分けています。

あなたは、何か物事を考えてまとめなければならないとき、どのような方法を選択することが多いでしょうか？　ドラッカー曰く、「聞く・読む」タイプは学校秀才に多いということです。確かに学校での勉強は圧倒的に授業を聞いたり教科書を読んだりということですから、このタイプのほうが有利そうですね。逆に「話す」タイプは実業のなかで思考を身につけてきた人で、コミュニケーションのなかから答えを見出してゆくタイプといえるでしょう。自分自身のタイプを理解することで、周囲に考える習慣を持ちやすい環境を整えることができれば、思考が促進されるでしょう。

「聞く・読む」タイプは、社会人大学や公開のセミナーなど、学生時代の延長にあたるような学習機会を持てばよいでしょう。

「書く」タイプの人は、いつもお気に入りのペンと手帳を持ち歩いて、隙間の時間を活用して書き物ができるようにするといいでしょう。「プライベート・ライティング」と呼ばれる、誰かに読ませるわけではない、自分のための書く行為を促せばよいのです。

「話す」タイプの人は、身近にディスカッション・パートナーをつくることです。ちょっと頭の中を整理したいときに、快く話し相手になってくれて、リアクションがよくて、質問がうまい人がいいですね。人にうまく伝えたいと思うときに、頭が活性化して、自分一人ではいつまでも整理がつかないことが、あっという間にまとまってしまうこともあるでしょう。

第13章

プロフェッショナリズムと職業倫理

山登りが進んで、山の頂が見えてくると、それに伴って意識も変化してきます。プロらしさ、プロ意識（プロフェッショナリズム）と言われる感覚が強く芽生えてくるのです。この章では、プロのプロたる所以であるプロフェッショナリズムについて考えてみましょう。

❶仕事の質への徹底したこだわり

自分自身が納得するまで質にこだわります。どこまで達すればよいかという基準は、顧客や上司が決めるのではありません。自分のプロとしての納得感や満足感が決めるのです。陶芸家が焼きあがった陶器を見て、一見みごとに仕上がっているのに自ら叩き割ってしまうシーンを見たことがあるでしょう？　あくまでも自分で納得できないものはＮＯなのです。ただし、その質の追求は、自己満足のためだけではありません。あくまでも顧客を喜ばせたいとか、世の中によい影響を与えたいという心理が根底にあるのです。

アメリカの社会学者フライドソン[*39]（E. Freidson）はその著書『Professionalism-The Third Logic』のなかで、プロの論理として「仕事の質に対する徹底したこだわりを持ち、自らの満足（利益ではない）と、他者の利益のために優れた仕事を行なう」という項目をあげています。

この他者の利益のためということが「利他性」と呼ばれる概念です。どうしたら顧客が喜んでくれるかを、自らが納得するレベルで追求することで、顧客の期待を超える質を提供し、喜ばれるということです。フライドソンは、アメリカの企業社会は、競争によって財やサービスを向上させるという「自由市場の論理（第一の論理）」と、生産活動を標準化させることにより低コストで信頼される製品を提供する「管理の論理（第二の論理）」ばかりが強調されて、「プロの論理（第三の論理）」が失われているのではないかと警鐘を鳴らしているのです。それは短期的な企業業績に傾斜し、持続性や社会への貢献をないがしろにしている経営を批判しているわけです。

たとえば、プロの論理に基づくならば、顧客が十分に満足してくれる水準をクリアしていると思っても、プロとしてのこだわりによって、自らが納得する品質になるまで追いかけていきますが、管理の論理からすれば、そのようなことをするよりも次の仕事に着手して数をこなすほうが企業にはメリットがあると考えてしまいます。しかしプロのこだわりがあるからこそ、顧客は満足を超えて感動し、それがブランドとなって長期的に企業を発展させるのです。短期には×な行為が、長期には○になるわけです（図表13）。

❷自律的な職務遂行

自律性は、読んで字の如くですが、「自ら考え、自ら決断し、自ら責任を負う」という意味です。プロは社内外で認められた存在ですから、その人の行動に上司といえどもとやかく口を出すことはできません。

たとえば判事という職業は、一旦判事補を卒業して判決を出せる立場になれば、もう誰からも文句を言われないかわりに、すべての責任は自分で負わなければならないわけです。それでこそ、プロとしての価値があるのです。

企業内でも一旦プロとして認めたならば、仕事の進め方は本人に任せることです。口をはさむと、たいていはよい結果になりません。

自分の信念に基づき、何をすべきかを自分で判断するのです。

知識創造の研究で知られる一橋大学名誉教授の野中郁次郎氏は、イノベーション活動を

図表13 第3の論理ー「プロ」の論理

論理	この論理に基づく世界の特徴
【第1の論理】 自由市場の論理	・誰もが自ら選択するものを売買し、可能な限りもっとも低い価格で購入し、もっとも高い価格で売却すべく競争している世界 ・競争のおかげで財やサービスの種類が増し、質も向上し価格も下がる
【第2の論理】 管理の論理	・生産や分配が大組織の管理部門によって計画されコントロールされている世界 ・さまざまな職務を効率的に計画・監督することで生産活動は標準化され、消費者は妥当なコストで信頼性の高い製品を確保できる
【第3の論理】 プロフェッショナリズムの論理	・専門特化したナレッジワーカーが、自らワークを組織化し、コントロールするパワーを有する世界 ・排他的な権利を有し、自らの満足（利益ではない）と他者の利益のために優れた仕事を行ない消費者も経営者も信頼できる

出所：エリオット・フライドソン“Professionalism-The Third Logic”2001より作成

担うリーダー（第10章のプロデューサー型プロフェッショナルに相当）の定義として、「イノベーションの作法を身につけた人間」とし、作法とは生き方にまで根ざした思考や行動のあり方であり「身についた作法を実践する人間は、周囲から反対されるなど他者による承認が得られなくとも、作法の実践自体に自らの価値を見出し、動じることなく貫徹する。結果として顧客や市場の支持に結びついていく」ものだとしています。[*40] これは一種の「信念（belief）」と言い換えてよいもので、プロなればこそのものでしょう。

優れた新商品や新事業は、マーケティングの結果ではなく、プロの信念から生まれるものなのです。

❸安定した業績を継続的に上げるための自己管理

プロであれば、常に合格点以上の業績を継続的に上げていかなければなりません。長い年月にわたって高業績を上げ続けるためには、日常生活の自己管理が欠かせません。

基礎力のひとつとして対自己能力を紹介しましたが、トッププロになると、対自己能力が秀逸なのです。

野球のイチロー選手は、習慣を変えないことで知られています。

「球場入りはほかの選手よりも約一時間早く、その時間をそのままストレッチを兼ねたマッサージに充てている。球場入りからの時間を逆算し、だいたいの起床時間は決まった。睡眠は七時間から八時間。遠征先で午後七時五分の試合開始だとすれば正午前後に起きて昼食、そしてカフェでひと休みした後にクラブハウスへ、という流れだ」「シーズン中の生活では『同じものを食べることもリズムのうち』と言った。冒険すると間違って口に合わないものに当たる可能性がある。そうすると予定された行動を変更しなければならない可能性も出てくる」（小西慶三『イチローの流儀』新潮文庫）

バッターボックスに立ってバットを振るまでの動作も常に同じです。毎日毎日同じリズムを刻むことにこだわっているのだと思います。そのことを何年にもわたって繰り返してゆく行動持続力が彼の長期間にわたる業績を支えているのでしょう。

将棋の羽生善治氏も、七冠制覇もさることながら、王座というタイトルを十八年連続守っている（二〇〇九年秋の時点）ことが驚異です。先に三勝したほうがタイトルを取るのですが、若い力が次々に台頭してくる現在の将棋界で、十八年勝ち続けるというのは信じられない偉業だと思います。彼も、トッププロであることを裏付ける高度な自己管理を行なっているのです。

対自己能力は、ストレスに耐え、自らを動機付け、よい行動を習慣化する力です。行動を習慣化し安定させること、そして高い目標を達成してもさらに次の高い目標を真剣に目指せる動機付けの力が飛びぬけているのだと思います。

イチロー氏や羽生氏は、プロのなかでも「離」の段階の人ですから、多くのプロにはそこまではできないかもしれませんが、自己管理の重要性を認識し、行動を習慣化することでプロとして成長することができます。

❹職業倫理に基づく行動

プロとしてやるべきこととやってはいけないことがあります。

それはそれぞれの職業によって、あるときは法律で、あるときは職業団体の倫理規定で、あるときはその道のプロの常識として認識されているものです。それは、誰も反対しない絶対的な正論のようなもので、具体的には、正直さや勤勉さ、謙虚であること、約束を守ること、誠実さや仕事に対する真摯な姿勢、あるいは仕事上の誤りを隠蔽しないといった思想的なものが根底にあります。

たとえば医師については、職業団体である日本医師会が、「医師の職業倫理指針」を定めていて、医師の基本的責務として「医学知識・技術の習得と生涯教育」「研究心・研究への関与」「品性の陶冶と保持」を、患者に対する責務として「患者の同意」「守秘義務」などを、それぞれ事細かに打ち出しています。

企業の不祥事がたびたび新聞紙上を賑わせますが、そのような不祥事は、職業倫理の欠如、組織倫理の欠如、個人倫理の欠如かその複合によって起きるものです。多くの企業不祥事では、それを止めるべきプロがその役割を果たさなかった（もしくは積極的に不正を主導した）ために起こっています。「個人の問題」として片付けられてしまうことが多いようですが、実は職業倫理の欠如が見られることが多いのです。

食品偽造の問題は、経営者の職業倫理欠如、技術者の職業倫理欠如、そしてそれを組織的に行ない隠蔽する組織倫理の欠如から生まれるものでしょうし、インサイダー取引も、金融専門職の職業倫理欠如が、粉飾決算も会計専門職の職業倫理欠如があるはずです。

不正行為は最初にそれを知った人間が声を出して止めないと「傍観者効果」によって、もう誰にも止められなくなってしまいます。

アメリカで起こった事件で、よく職業倫理の教育に事例として取りあげられる「スペースシャトル・チャレンジャー号爆発事件」や「エンロン不正経理事件」は、プロがNOと言うべきところを言わなかったために重大な事件に至ってしまったものです。[*41]

間違った行為が目の前で行なわれているときに取る態度は三つあります。[*42] 自分には関係ないと言ってその場を去る「EXIT（離脱）」、会社の事情を考えれば致し方ないと認めてしまう「LOYALTY（忠誠）」、間違った行為を声に出して指摘する「VOICE（発言）」の三つです。

プロは常にVOICE型でなければいけません。これは事故についても同様で、大事故が発生するときには、必ずその前兆があるのです。それらを声に出して止めたり正したりしなかった結果が大事故になるのです。

このようなプロフェッショナリズムが自分に芽生えてきているかどうかは、山登りが順調に進んでいるかのバロメーターになるでしょう。もしも専門性を腹決めして山を登っているはずなのに、これらの意識が薄いとしたら、それは山登りの途中で歩みを止めてしまっているということなのかもしれません。

第14章 山の向こう側にあるもの

プロの入口に立つまでに十年、頂に着くまでには二十年の歳月がかかると言いました。それでは頂に立った後にはどのようなキャリアの道があるのでしょうか？

早い人では四十歳そこそこで山の頂を経験してしまう人もいるでしょう。芸能界やスポーツ界のプロならば、二十代で頂上に立ってしまう人もいるでしょう。その後の人生をどう過ごしたものか改めて悩みに入ってしまうかもしれません。

このような山登りの次の転機において、私がお勧めしたい選択肢は三つあります。順次ご紹介していきましょう。

❶ゆっくりと山を下りる

二十年の経験を経て山の頂に立った後にも、その道のプロとして現役でいる時間はあと二十年あります（第11章の図表参照）。創造的能力はゆるやかに低下していきますが、この下りの道をゆっくりゆっくりと下りるというのが第一の選択肢です。

たとえば、その分野の後進の指導にあたりながら現役を続けるというような歩み方です。プロスポーツ選手の場合は、山の頂を超えるとすぐに引退という問題に直面します（これはビジネスと違うところです）が、その後もコーチや監督などの指導者への道に進む人が多いですよね。これは後進の指導をぜひしたいというよりは、そのようにゆっくりと山を下る道を選ぶことが一般的だからだと思うのです。転機にあたって時間をかけて次を考えるならば他の道もあるのでしょうが、たいていのプロスポーツ選手はぎりぎりまで最高の成績を残すことしか考えていません。そのため、引退してみて、「次は何をするのか」と急かされれば、多くの先輩たちが進んできた道を自然に選んでいるのでしょう。

ゆっくり山を下りるという選択は、もっとも自然な選択なのです。

山を下りるためには、登るときとは違ったスキルが必要になります。それは技術を他者に教えるというティーチング・スキルです。自分でできるからすぐに人にも教えられるというわけではありません。社内で後進を育てる場合、大学などに身を転じて教職に就く場合、それぞれ「教える技術」を習得しながら進むものです。

山の下り方としては、後進の指導だけではありません。周辺の山を眺めながら下りるという方法もあります。

ひとつの道を極めた人は、広い範囲の応用力を持つもので、一芸に秀でた人同士は分野を超えて話が合うものです。そこで、極めた山ならではの確かな見方・考え方を持ちながら、周辺に存在する山にも目を向けるのです。これこそ、ゼネラリストになるということです。専門性を持って、かつ広い範囲の知見も持っているということで「V字型人間」という言葉も使われます。これは、ちゃんと山登りを達成した人だけに許される選択肢なのです。

山をゆっくり下りるという選択は、ちょうど高齢期の心理的変化とも適合しています。以前に、私の所属するワークス研究所で、定年を迎えた人がそれ以前と比べて仕事に求める価値観がどのように変化するものかを分析したことがあります。その結果明らかになったのは、定年後の人々が持つ価値観は「無理なく」「役立つ」という二つの言葉で表現されるものだったのです。[*43]

できればこれまでの経験を活かした仕事で、誰かから命じられてするのではなく（つまり無理なく）、誰かに喜んでもらえる、誰かに感謝してもらえる（つまり役立つ）ような仕事をしたいという志向です。

ゆっくり山を下りるという選択はこの志向にかなうもので、人生の決算をするという感覚でしょう。第1章の図表1で紹介したエリクソンの心理社会的発達段階では、老年期の特徴を「統合性」と名付けて、これまでの経験を統合して活かすことで、自らのこれまでの人生や経験を肯定する段階だとしています。

❷一度下りてもう一度同じ山に登る

極めた分野でトッププロとしての状態を維持したいと思うならば、ひとつだけ方法があります。

その山を一度下りて、もう一度登るという選択です。

山の頂点に立ったということは、成功体験ですから、そのことを捨てて一からやり直すというのは並大抵の勇気ではできません。しかもまた山を登るというのですから高い意欲がなければできることではありません。そのため、この第二の選択肢は必ずしも多くの方々にお勧めできるものではないかもしれません。

たとえば、起業家として一から会社をつくり、それを大きくして上場企業にまで育て上げた経営のプロが、まだその企業の経営トップとしていることができるにもかかわらず、経営権を譲り、所有する株式も手放して、まったく違う会社をまた一からつくるというようなケースがこれに該当します。大変な精神力がいる選択ですね。

図表14　葛飾北斎のキャリア

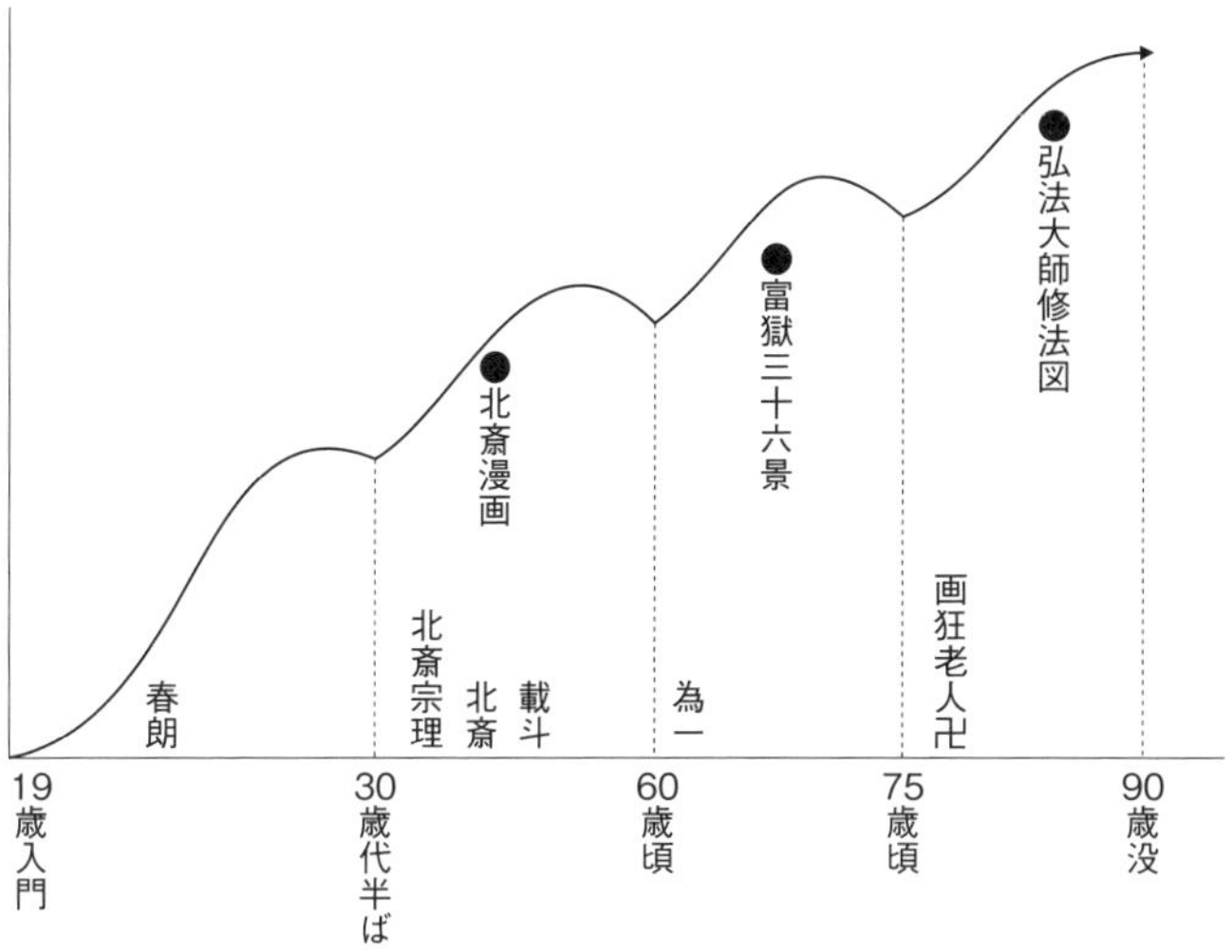

日本を代表する画家として知られる葛飾北斎（一七六〇―一八四九）はまさにこの第二の選択を繰り返した人でした。葛飾北斎は江戸時代を代表する画家で生涯に三万点を超す作品を残しました。「富嶽三十六景」や「北斎漫画」などの作品は印象派の画家たちにも大きな影響を与え、その功績は特に海外で高く評価され、雑誌『ライフ』では、「この一千年でもっとも重要な功績を残した世界の人物一〇〇人」に日本人としてただ一人選ばれた人です。

図表14をご覧ください。実は彼は何度も画法を捨て、名前を捨て、家を捨て、画家という山を登りなおしたのです。最初の春朗という名の時期に主要な画法を学びつく

し（これは「守」の時期）、北斎と改名した時期から、その画風の独自性で売れっ子になりました。五十五歳で北斎漫画の初編を出版しますが、これが海外で話題となり、一躍有名画家になったのです。しかし、その画法も名前も捨て、六十七歳で脳卒中を患った後の七十二歳から為一という名前で富嶽三十六景の出版を始めているのです。しかも七十五歳では為一の名前も、浮世絵版画の画法もまた捨てて、画狂老人卍と改名して肉筆画に本格的に取り組むのです。

彼が七十五歳のときに「富嶽百景」の跋文に書いた文章を見ると彼のプロとしての意欲がよく見えてきます。

「私は六歳から物の形を写す癖があって
五十歳のころからはしばしば図画を描いて世に出してきたが
七十歳以前に描いたものは実に取るに足らないものばかりである
七十三歳になってやや鳥・獣・虫・魚などの骨格や
草木の生態を知ることを得た
だから八十六歳になればますます画技が進み

九十歳ではさらにその奥義を極め
百歳ではまさに神技の域に達しているのであろうか
百十歳になれば描いたひとつひとつの点や線が
まるで生きているように見えるだろう
長生きをする君子よ、願わくば私の言うことが
嘘偽りではないことを見てください」

いったいいつまで生きるつもりだったのか、と思ってしまいますが、「七十歳以前に描いたものは実に取るに足らない」と言い切っているところに、過去の成功に寄りかからずに、何度も山を登り下りして道を究めていく姿勢がよく表れています。

北斎が画狂老人卍期に残した「弘法大師修法図」を見ると、現代のアニメに通じるものがすでにそこにあると実感します。多大な業績は、何度も山に登りなおす勇気と意欲の賜物なのでしょう。

❸第二の山に登る

第三の選択肢は、まったく別の山に登る、というものです。

山登りを始めて頂点に立つには二十年の時間がかかると繰り返し書いてきましたが、一度山に登ってしまうと、「山登りのノウハウ＝物事を極めるスキル」が方法記憶として残りますので、二回目はもっと短い時間で頂に立つことができます。

今や職業人生は八十歳までと言われる長寿社会ですから、何歳から第二の山登りを始めても間に合わないということはありません。

人には複数の才能があると言います。しかしすべての才能を仕事で活かすわけではなく、職業の選択によって、その才能を活かさないまま放置してしまっているものもあるのです。ときどき「あのとき別の選択をしたらどうなっていたのだろう？」と思い出すものです。おそらく多くの人はそれを仕事にするのではなく、老後の趣味にとっておこうと考えるのでしょうが、別に趣味にとどめておく必要もありません。思い切ってそれを第二の山にしてしまう手もあるでしょう。

このような第二の才能をネグレクテド・タレント（neglected talent）と言います。異なる二つの山に登ることは、オンリーワンに近づく道であり、知識創造に強くなる道でもあります。それぞれの分野で人間関係ができるため、人的ネットワークも広がります。

かなり贅沢な人生と言えそうです。

これらの成熟期のキャリアでは、再度基礎力の磨き上げがテーマになるということも忘れてはいけません。年功的熟練につながる期待能力は以下のような式で表現できます。

期待能力(y)＝基礎力(a)＋（応用力(b)×専門性(x)）

人生の達人になるには、ａの基礎力（とりわけ高度な対人能力）の有無が勘所になります。複雑な利害関係を調整する力や考え方が異なる多くの人々を説得する力などです。また、専門性もそれを他分野にまで応用する力があると、何倍にも価値が高くなるのです。

ａやｂが充実し、それと専門性が両輪にあれば、年齢を重ねても、常にひっぱりだこになるのではないでしょうか。

プラクティス

実践のためのキャリアマップの作成

これまで、キャリアデザインとは何かというお話をして、そこで日本型キャリアデザインのモデルとして「筏下り」型のキャリアデザインをご紹介しました。

そして具体的に、「筏下り―山登り」「山登りの技法」をご紹介したわけです。

しかし、ただ読んだだけでは、人の記憶というものは時間とともに消えるようにできていますから、一週間もすれば忘却のかなたへと行ってしまうことでしょう。

そこで、最後に「自分自身のキャリアを言葉にしてみる」というワークをやることで、これからのキャリアに活かす道筋をつけておくことにしましょう。

キャリアとは、言葉にすることで、促進されるものです。

頭の中で漠然と思っていたことを、具体的に言葉に落として、できれば口に出して誰かに語ることによって、鮮明になり、かつ自分自身をモチベートして「その気にさせる」のです。

いくら将来展望を持っていても、そのままでは実現しません。昔から「夢を目標に、目標を計画に、計画を行動に」してはじめて実現するものだと言いますよね。それはキャリアデザインのためにあるような言葉なのです。

次のページにワークシートがあります。これを完成させてください。そしていつでも取り出して見られるところに置いておいてください。機会があれば、誰かに語ってください。

ワークシートの真ん中には「五年後のキャリアビジョン」を書くようになっていますが、五年後にいきいきと働いている自分自身の姿を思い浮かべて、一種のキャッチフレーズを考えるつもりで埋めてみてください。

「五年後のキャリアをイメージできる」という人は、第2章で述べたように三八%しかいないので、考えにくいときは周囲の八つの欄を先に埋めて、それらと整合的になるように真ん中を埋めるとよいでしょう。

文字にしてしまうと、それだけで一歩近づいたような気分になれるはず。まずは（戦略）と書いた部分の学習から着手してみてはどうでしょうか？

それぞれの欄のイメージがわきにくいときは以下のガイダンスを参考にしてください。

図表15　キャリアマップ（5ヵ年ビジョン）

作成日　　年　　月　　日

①他者と比べてあなたが得意なことは？ （能力・才能のイメージ）	②やりたい仕事、長くやっていても苦にならない仕事は？ （動機・欲求のイメージ）	③どのような仕事にあなたの人生を賭ける価値を感じる？ （意味・価値のイメージ）
④あなたが発揮している（したい）リーダーシップのスタイルは？ （基礎力）	5年後のキャリアに関する自己イメージは？ （ビジョン）	⑤あなたの専門性は？（●●のプロという形式で書いてください） （専門力）
⑥家族との（暗黙の）約束は？ （状況・支援）	⑧5年後のビジョンを実現するために何を準備しますか？（学習・意思決定） （戦略）	⑦会社から期待されている役割は？　会社から得られる協力は？ （状況・支援）

①能力・才能のイメージですから、あなたが他者よりも得意だと思うことを言葉にしてみてください。これまでの経験でその力が立証されているものがいいですね。ここに書くことは、あなた自身の他に長く仕事をともにしている人ならばわかっている事実です。

②動機・欲求のイメージですから、得意かどうかは別にして「やりたい」と心から思える仕事を書いてください。時には時間を忘れてその仕事に没頭できるようなものです。

③意味・価値のイメージですから、抽象的でも構いませんので、どのような要素を持った仕事に価値を感じるのかを書いてください。「地域社会に貢献する！」とか「若い世代を育てる！」というくらいの大きさがいいですね。

（①②③はシャインの三つの問いというもので、第2章で紹介したものです。これらすべてを満たすビジョンを真ん中に書いてください）

④リーダーシップは、目標達成行動と組織維持行動の二軸で構成されますが、現在のあ

なたはpm、Pm、pM、PMのうちのどれでしょうか？　そして、これから発揮していきたいリーダーシップのスタイルはどのようなものでしょうか。

⑤専門性に関する欄です。「●●のプロ」という形で表現してください。●●の部分にはオンリーワンの言葉（あなたのオリジナルの言葉）が入ってもまったく構いません。

（④⑤は企業人に求められる二つの能力「リーダーシップ」と「専門性」に関するものであり、基礎力と専門力に対応しているものです）

⑥プライベートの問題で、キャリアデザイン上前提として考えておかなければならない制約や家族から得られる支援などを書いてください。最低限得なければならない収入についても考えておくとよいでしょう。

⑦会社はあなたにどのような役割を期待していると思いますか？　できるだけ思い込みではなく、上司との対話などから書いてください。またビジョンを追いかける上で会社から得られる支援があればそれも書いておきましょう。

⑧ビジョンを実現するためには、今後どのような学習が必要でしょうか？　また転職や独立などのキャリアチェンジが必要な場合はそれも考えてみてください。

（①から⑧はシュロスバーグが教える四つのSに対応しています。自分自身（self）、状況

（situation）、支援（support）、戦略（strategy）です。参考文献は注4参照）

それぞれの項目がうまく書けないときは、もう一度本文の関係章を読み直してみてください。

納得がいく、完璧なものが書けなくても、とりあえず完成させることを優先してください。キャリアデザインは、長い職業人生のなかでゆっくりと行なっていくものですから、現段階で何が明確になっていないかに気付くだけでも効果があります。そこを考え続けながら、真ん中の自己イメージの表現をブラッシュ・アップしてゆけばよいのです。

またキャリアデザインに「手遅れ」ということはありません。冒頭にも書いたように、日本人の職業寿命は気が遠くなるほど長いのです。どこからキャリアデザインを始めたとしても、その後のキャリアに必ずプラスになります。

この本を手にとって読んだあなたは、今がキャリアの「節目」なのだと思います。このきっかけを活かして、ぜひキャリアデザインに「自発的に」取り組んでいただきたいと思います。

注

（1）大卒の場合、卒業後はじめて就く仕事が正社員の人の割合は七五%、高卒の場合は四七%に過ぎないことや、三十代～四十代の正社員で転職経験がない人が四〇%程度であることから、新卒入社～定年退職を一社で終える人は少数派といえる（リクルートワークス研究所「ワーキングパーソン調査2006」）。

（2）島田歌（二〇〇七）「ミドル社員とミドレッセンス―ミドル38人の主観的キャリアを探求して」（「Works Review」二号）。①アクティブミドル、②ニュートラルミドル、③ミドレッセンスミドル、として「キャリア」という概念に対する反応を類型化している。

（3）キャリア論では「転機（トランジション）」「過度期」などの言葉をよく使うが、ここでは「節目」という言葉で統一する。

（4）「ノンイベント」という節目については、シュロスバーグが提唱したものである。詳しくは『「選職社会」転機を活かせ―自己分析手法と転機成功事例33』（日本マンパワー出版、二〇〇〇）などを参照されたい。

（5）キャリアにはアップもダウンもないというのがキャリア論での共通認識である。そのためキャリア・アップという言葉が使われているものは専門書でないと考えてよい。

（6）企業内ではこの三つの問いに類似するもので、「できること」「やるべきこと」「やりたいこと」が一致しているときに大きな成果を上げることができるという考え方がある。

（7）基礎力にあたる能力概念は各国にある。英語ではgeneric skillsやfundamental skillsと訳される。基礎力について詳しく知りたい方は、大久保幸夫（二〇〇六）『キャリアデザイン入門(I)基礎力編』（日経文庫）を参照されたい。

（8）ハーバード大学教授のマクレガーがアメリカ連邦政府からの依頼を受けて、外交官で高い業績を上げる人とそうでない人の行動特性の違いを調べたことから始まる。日本企業でも一時期流行した考え方である。

（9）サロヴェイとメイヤーによってまとめられた能力概念で「情動を知る」「感情を制御する」「自分を動機付ける」「他人の

感情を理解する」「人間関係をうまく処理する」などの力のこと。ゴールマン（一九九六）『EQ―こころの知能指数』（講談社）によって日本でも広く知られるようになった。

(10) 政府が二〇〇二年に閣議決定した「経済財政運営と構造改革に関する基本方針」のなかで、経済活性化戦略のひとつとして位置付けられたもの。

(11) 詳しくはJ・D・クランボルツ、A・S・レヴィン（二〇〇五）『その幸運は偶然ではないんです！―夢の仕事をつかむ心の練習問題』（ダイヤモンド社）を参照のこと。

(12) 仮にあなたがその時期を過ぎていて、まだ筏下りを続けているとしても悲観する必要はありません。しかし、できる限り早く「山」を決めることをお勧めします。

(13) 小林薫（二〇〇一）『ドラッカーとの対話―未来を読みきる力』（徳間書店）などを参照。

(14) リクルートワークス研究所「人材マネジメント調査2003」

(15) 詳しくは「企業内プロフェッショナルの時代」事例研究・日本IBM（「Works」六四号、二〇〇四）などを参照。

(16) 詳しくは大久保幸夫「ミドルマネジャー育成の課題と展望」（財務省「フィナンシャル・レビュー」九二号、二〇〇八年）を参照。

(17) たとえばシャイエ（K. Schaie）の測定実験による推定など。

(18) 社会人一年目から三年目の人を対象に行ったリクルート「仕事にまつわる意識」調査（二〇〇四）によれば、辞める理由のトップに「仕事を通じて成長している実感がもてない」（一四・六%）があげられている。

(19) 社内のユーザーを顧客と思っている人は、そうでない人と比べて、基礎力のすべての項目で自己評価が上まわっている（リクルートワークス研究所「ワーキングパーソン調査2006」）。

(20) 三隅二不二（一九六六）『新しいリーダーシップ―集団指導の行動科学』（ダイヤモンド社）

(21) 詳しくは、大久保幸夫（二〇〇九）『「仕事が不安！」を抜け出す本―一生使えてキャリアに活きる8つのスキル』（大和書房）を参照。

(22) 金井壽宏（一九九一）『変革型ミドルの探求―戦略・革新指向の管理者行動』（白桃書房）

(23) ブランチャードほか（小林薫訳、一九八五）『1分間リーダーシップ―能力とヤル気に即した四つの実践指導法』（ダイヤモンド社）などを参照。
(24) 原語は「量子力学的な跳躍となった経験（quantum leap experience）」。リクルートワークス研究所ではCCLのフレームを活用して日本の部長職に同様の調査を行なっている。詳細は、金井壽宏・古野庸一（二〇〇一）「「一皮むける経験」とリーダーシップ開発―知的競争力の源泉としてのミドルの育成」（「一橋ビジネスレビュー」四九巻一号）。
(25) 転職についての詳細は、大久保幸夫（二〇〇七）「転職の常識は本当か」（「一橋ビジネスレビュー」五五巻三号）を参照。
(26) リクルートワークス研究所「ワーキングパーソン調査2006、2008」。以下断りなき場合は出典同じ。
(27) ㈱リアセックの松村直樹氏らによるR・CAPの分析結果より。
(28) 田口佳史（二〇〇九）『東洋からの経営発想』（悠雲舎）などを参照。
(29) 常に期待以上の成果を上げている段階にあると自認している人で、かつ現在の仕事を一生の仕事と決めている人の割合が二二・九％にのぼることが、リクルートワークス研究所の「ワーキングパーソン調査2008」によってわかっている。
(30) 詳しくは藤原稜三（一九九三）『守破離の思想』（ベースボール・マガジン社）などを参照。
(31) たとえば藤井猛の四間飛車「藤井システム」、近藤正和の「ゴキゲン中飛車」など。
(32) ハンガリーの哲学者マイケル・ポランニー（Michael Polanyi）が提示した概念で、言葉に表せない・説明できない知覚を指す。一橋大学名誉教授の野中郁次郎は、それを「経験や勘に基づく知識のことで、言葉で表現することが難しいもの」と定義し、それを「形式知」と対比させて、知識経営論を構築した。
(33) 松尾睦（二〇〇六）『経験からの学習―プロフェッショナルへの成長プロセス』（同文舘出版）
(34) 笠井恵美（二〇〇九）『サービス・プロフェッショナル―営業、販売、接客「上位2割」の熟達者になる14の経験』（プレジデント社）
(35) リクルートワークス研究所「ワーキングパーソン調査2008」
(36) 大久保幸夫・入倉由理子（二〇〇九）「キャリアクルージング―片岡鶴太郎」（「Works」九五号）

(37) 濱中淳子（二〇〇八）「ミドルの自己学習―自由時間における学びの構造分析」（『Works Review』三号）
(38) 前出「ワーキングパーソン調査2008」
(39) エリオット・フライドソン（Eliot Freidson）。世界でもっとも卓越した医療社会学者のひとりとして知られる。
(40) 野中郁次郎・勝見明（二〇〇七）『イノベーションの作法―リーダーに学ぶ革新の人間学』（日本経済新聞出版社）
(41) 詳細は、大久保幸夫（二〇〇六）『ビジネス・プロフェッショナル―「プロ」として生きるための10話』（ビジネス社）などを参照。
(42) ハーシュマン（矢野修一訳、二〇〇五）『離脱・発言・忠誠―企業・組織・国家における衰退への反応』（ミネルヴァ書房）を参照されたい。
(43) 詳しくは福島さやか（二〇〇六）「高齢者の就労ニーズ分析―高齢期における就労形態の探索」（『Works Review』創刊号）を参照。

大久保 幸夫

おおくぼ・ゆきお　1983年一橋大学卒業後、リクルート入社。人材サービス事業部企画室長などを経て、1999年ワークス研究所を立ち上げ所長に就任。2011年よりリクルート専門役員。2010年より内閣府参与を兼ねる。主著に『キャリアデザイン入門（Ⅰ）（Ⅱ）』『30歳から成長する！「基礎力」の磨き方』など。

日本型《にほんがた》キャリアデザインの方法《ほうほう》
―「筏下り」を経て「山登り」に至る14章―

著　者
大久保 幸夫

発　行
平成22年４月１日　第１刷
平成24年７月１日　第２刷

発行者
鈴木 正人
発行所
経団連出版
〒100-8187　東京都千代田区大手町1-3-2
経団連事業サービス
電話　編集03-6741-0045　販売03-6741-0043
振替　東京00120-6-122864

印刷所
サンケイ総合印刷

ISBN978-4-8185-2909-0 C2034